Análisis de Datos

Lluís Vicent

Diciembre 2020

Este libro está basado en
"Probabilitat", de Lluís Vicent y Ramon Villalbí,
editado por primera vez en 2007 por Enginyeria i Arqui-
tectura La Salle, y re-publicado con licencia creative commons: en 2020.

Índice general

Capítulo 1

El análisis de datos

El análisis de datos, especialmente en su vertiente en inglés, data analysis, parece una moda de los últimos tiempos. No vamos a desmentirlo. Nunca en la historia ha tenido la importancia que tiene en este momento. Pero la estadística ha existido durante siglos y siglos. La estadística es por definición la ciencia que estudia la recopilación, análisis, interpretación y representación de los datos. Y la ciencia que trata de inferir principios más generales a partir de unas muestras mediante el cálculo de probabilidades. El análisis de datos vemos entonces que es la estadística. Si bien, hoy en día, está más en uso que nunca debido al impulso que ha recibido el tratamiento de los datos con el progreso de la informática e internet. Sin embargo, no podemos pensar que está todo hecho y que toda empresa, gobierno o proyecto actual está utilizando el análisis de datos de manera profesional. Según un estudio sobre la adopción del Big Data y la Inteligencia Artificial realizado por NewVantage Partners en 2020 1 , únicamente el 37,8 % de las empresas entrevistadas en el estudio se consideran organizaciones data-driven, orientadas al dato. Seguramente nos gustaría pensar que, aunque el porcentaje es bajo, habrá subido en los últimos años. El caso es que si analizamos el mismo estudio en años anteriores 2 , el porcentaje en 2019 fue del 31 %, el 2018 del 32,4 % y el 2017 del 37,1 %. Aunque efectivamente en 2020 ha habido un incremento con respecto a los tres años anteriores, este no parece suficiente si tenemos en cuenta la inversión en este tipo de iniciativas. Y es que según el mismo estudio, en el año 2020, el 98,8 % de las empresas declara que ha invertido en iniciativas de Big Data e Inteligencia Artificial. Finalmente, el estudio informa que el porcentaje de empresas donde esta inversión es mayor de 50 millones de dólares creció al 64,8 % en 2020 respecto a un 39,7 % en 2018. Claramente hay alguna cosa que no cuadra ¿qué hace que una empresa que invierte más de 50 millones de dólares al año en iniciativas de Big Data e Inteligencia Artificial no consiga sacar provecho de los datos que generan sus usuarios? En esta asignatura pretendemos que seais capaces de ver las posibilidades del análisis de datos, que conozcáis sus limitaciones, y que sepais desde un paradigma científico aplicar el análisis de datos a problemas de la vida real, con especial énfasis en los proyectos educativos.

Capítulo 2

Definición de probabilidad

Capítulo extraído de Probabilidad. De Lluís Vicent y Ramon Villalbí.

Históricamente todas las definiciones que se han dado de probabilidad han sido criticadas por muchos especialistas. Aún hoy, una concepción clara de probabilidad no existe, es un tema conflictivo. Daremos a continuación algunas de las interpretaciones más destacadas que se han propuesto

2.1
La probabilidad como frecuencia relativa

En este caso se define la probabilidad como la frecuencia relativa que obtendríamos si repitiéramos una experiencia un gran número de veces en las mismas condiciones. Así, en el caso de una moneda, la probabilidad de obtener cara diremos que es $\frac{1}{2}$ ya que si echamos la moneda un gran número de veces la frecuencia relativa de caras creemos que sería aproximadamente $\frac{1}{2}$. Fijémonos como no podemos aceptar como una buena definición científica de probabilidad la que acabamos de enunciar. No sabemos que significa "repetir el experimento un gran número de veces". Tampoco es nada precisa la expresión "en las mismas condiciones". Tengamos en cuenta que las mismas condiciones no puede significar "condiciones idénticas" que entonces el resultado obtenido en cada experiencia sería siempre el mismo. Así, en el caso de la moneda la "identidad de condiciones" haría que siempre obtuviéramos cara o siempre cruz. Las condiciones idénticas deben dar entrada a algún tipo de comportamiento aleatorio. Hemos dicho también que en el caso de la moneda tomaríamos como probabilidad de cara, el valor $\frac{1}{2}$, porque la frecuencia relativa sería "aproximadamente $\frac{1}{2}$". No sabemos cómo tratar esta expresión. De hecho como veremos en el capítulo 3 si tiramos una moneda $2n$ veces (n muy grande) no vamos a esperar que salga exactamente n caras y n cruces. La probabilidad es aproximadamente $\frac{1}{\sqrt{n\pi}}$, que tiende a cero al crecer n.

-2.2-
Interpretación de Laplace

Esta es la interpretación clásica de la probabilidad. En el caso de la moneda, podemos suponer, si la moneda está bien construida, que los dos resultados, cara y cruz, son igualmente verosímiles presentarse, y como la suma de las probabilidades debe ser 1, sería $\frac{1}{2}$ la probabilidad de cara y también la de cruz. Si la experiencia admite n resultados posibles y todos igualmente verosímiles la probabilidad de cada resultado es $1/n$. Aquí la dificultad está en la expresión "igualmente verosímiles", que equivale a decir que todos los casos tienen la misma probabilidad. La dificultad de este círculo vicioso fue resuelta por Kolmogorov presentando la teoría de probabilidades como un sistema de axiomas. Kolmogorov presentó esta teoría en 1933.

Capítulo 3

Probabilidad básica

Definición axiomática de la probabilidad

Antes de dar los axiomas de la probabilidad según Kolmogorov, estudiaremos el álgebra de sucesos.

Consideremos un conjunto $\Omega \neq 0$ que llamaremos espacio muestral, y que puede ser cualquier conjunto: las seis caras de un dado, el conjunto $\Re$ de todos los números reales, el conjunto de todos los habitantes de un país, las dos caras de una moneda, etc. A los elementos de Ω los llamamos "sucesos elementales".

Consideremos ahora un conjunto formado por subconjuntos de Ω pero de un tipo especial. Diremos que una colección de subconjuntos de Ω es un álgebra (que designaremos A) si verifica las siguientes condiciones: Si a y b son elementos de A (o sea subconjuntos de la colección) y $a \in a$ y $b \in a$ entonces $a \cup b \in a$. Si $a \in a$ entonces $a^c \in a$ (o sea, el complementario de todo elemento de A es también elemento de A). $0 \in a$. Si $\Omega = \{\alpha, \beta\}$, el conjunto $\{0, \Omega\}$ verifica las tres condiciones a), b) y c) por ser un álgebra. Si $\Omega = \{\alpha, \beta\}$ estudiamos el conjunto de subconjuntos $\{0, \alpha, \Omega\}$. Las condiciones a) y c) se verifican pero $\{0, \alpha, \Omega\}$ no es un "álgebra" para que no se verifica la b) ya que el complementario de α es β, que no figura en $\{0, \alpha, \Omega\}$. El conjunto $\{0, \alpha, \beta, \Omega\}$ que es el llamado conjunto de las partes de Ω, y se representa como $\wp\{\Omega\}$ cumple obviamente las tres condiciones.

En general los elementos de A, o sea, los subconjuntos de Ω que pertenecen a A los llamamos sucesos.

Si la definición de álgebra sustituimos el axioma a) por "Si $A_1 a_3 ... A_n ...$ es una sucesión numerable de sucesos de A, entonces la reunión $A_1 \cup A_2 \cup a_3 ... \cup A_n \cup ...$ pertenece también a A. Y el conjunto A se llama σ - *álgebra* (sigma álgebra).

Se llama probabilidad P sobre A a una aplicación:

$$P : A \longrightarrow [0,1]$$
$$A \longrightarrow P[A]$$

que verifique:

$$a)\, P\,(A) \geq 0 \qquad\qquad (3.1)$$
$$b)\, P\,(\Omega) = 1 \qquad\qquad (3.2)$$

Si la álgebra A és una sigma-àlgebra la condición (3.2) se puede escribir como

$$P[\bigcup_{n=1}^{\infty} A_n] = \sum_{n=1}^{\infty} P[A_n]$$

y $A_i \cap A_j = 0$ para cualesquiera valores naturales de i i j. Y más concretamente, si A y B son dos subconjuntos disjuntos de A $(A \cap B = \emptyset)$ se verifica: $P\,(A \cup B) = P\,(A) + P\,(B)$

A la terna $\{\Omega, A, P\}$ se le llama espacio de probabilidad.

Métodos para asignar la probabilidad
Los axiomas de la probabilidad no determinan la aplicación P. Las probabilidades de la aplicación $P \longrightarrow A$ tienen una cierta arbitrariedad, y es el investigador o profesional en cada situación concreta quien deberá escoger para P las probabilidades de que estén más de acuerdo con la realidad. Pero como determinar la aplicación P? Los métodos que hemos visto, recuencialista y Laplace, son los únicos que se usaban antes del siglo XX para definir el concepto de probabilidad con conceptos empíricos. El primer método consiste en fijar la probabilidad como la frecuencia relativa después de realizar la experiencia un número muy grande de veces. Laplace consiste en que en muchas aplicaciones de la teoría de probabilidad podemos considerar el espacio muestral como un conjunto finito de casos considerados "igualmente probables".

Teorema 1 Tenemos que $P\left(\overline{A}\right) = 1 - P\left(A\right)$ para cualquier suceso A.

En efecto, el conjunto $\overline{A}$ (complementario de A) contiene todos los elementos que no pertencen al conjunto, y por tanto

$A \cup \overline{A} = \Omega$ y $P\left(\Omega\right) = P\left(A \cup \overline{A}\right) = P\left(A\right) + P\left(\overline{A}\right) = 1$,

por tanto

$$P\left(\overline{A}\right) = 1 - P\left(A\right). \tag{3.3}$$

Teorema 2 Para cualquier suceso A tenemos:

$$0 \leq P(A) \leq 1. \tag{3.4}$$

Por el axioma 1 sabemos que $P(A) \geq 0$, y si la segunda desigualdad $P(A) \leq 1$ no fuese cierta tendríamos que $P(A) > 1$, y según el teorema anterior $P(\overline{A}) = 1 - P(A)$ sería negativa en contra de (3.1)

Teorema 3 Para dos sucesos cualesquiera A y B:

$$P(A \cup B) = P(A) + P(B) - P(A \cap B) \qquad (3.5)$$

De la figura 3.1 podemos deducir:

$$A \cup B = (A \cap \overline{B}) \cup (A \cap B) \cup (\overline{A} \cap B)$$

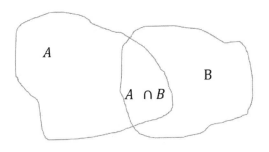

Figura 3.1: Unión e intersección de dos conjuntos

y como estos conjuntos entre paréntesis son disjuntos:

$$P(A \cup B) = P(A \cap B) + P(A \cap B) + P(A \cap B)$$

además:

$$P(A) = P\left(A \cap \overline{B}\right) + P(A \cap B)$$
$$P(B) = P\left(B \cap \overline{A}\right) + P(A \cap B)$$

y resulta,

$$P(A \cup B) = [P(A) - P(A \cap B) + P(A \cap B)+$$
$$+ P(B) - P(A \cap B)]$$

$$P(A \cup B) = P(A) + P(B) - P(A \cap B)$$

Esta regla se puede generalizar a tres sucesos como podemos representar en la figura 3.1 Si a

$$P(A_1 \cup A_2) = P(A_1) + P(A_2) - P(A_1 \cap A_2)$$

substituimos A_2 por $(A_2 \cup A_3)$ obtenemos:

$$P(A_1 \cup (A_2 \cup A_3)) =$$
$$P(A_1) + P(A_2 \cup A_3) - P(A_1 \cap (A_2 \cup A_3)) =$$
$$P(A_1) + (P(A_2) + P(A_3) - P(A_2 \cap A_3)) -$$
$$- P((A_1 \cap A_2) \cup (A_1 \cap A_3)) =$$
$$= P(A_1) + P(A_2) + P(A_3) -$$
$$- P(A_1 \cap A_2) - P(A_1 \cap A_3) - P(A_2 \cap A_3)$$

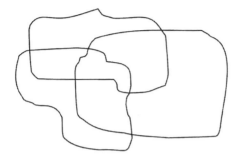

Figura 3.2: Unión de tres conjuntos

Fàcilmente podemos obtener la fórmula general:

$$P(A_1 \cup A_2 \cup ... \cup A_m) =$$
$$= P(A_1) + P(A_2) + ... + P(A_m) -$$
$$-P(A_1 \cap A_2) - P(A_1 \cap A_3) - ... - P(A_{m-1} \cap A_m) + ... +$$
$$+ P(A_1 \cap A_2 \cap A_3) + P(A_1 \cap A_2 \cap A_4) + ... +$$
$$+ P(A_{m-2} \cap A_{m-1} \cap A_m) + ... +$$
$$+ (-1)^{m-1} P(A_1 \cap A_2 \cap ... \cap A_m)$$

que recordaremos fácilmente observando que primeramen-
te sumamos las probabilidades de todos los sucesos indi-
viduales. Después restamos la suma de las probabilidades
de las intersecciones de todas las parejas posibles de suce-

sos. El tercer paso consiste en sumar las probabilidades de las intersecciones de todas las ternas posibles y después restaremos la suma de las probabilidades de las intersecciones de todas las cuaternaria. Así seguimos hasta sumar o restar la probabilidad de los n sucesos.

> **Nota:** La intersección y la unión de sucesos en probabilidad puede tener dos visiones. El suceso $A \cap B$ se puede considerar como la intersección de conjuntos, o también se puede considerar como una "y" lógica, es decir, $A \cap B$ se puede leído como A y B, y cuando se hable de la probabilidad de la intersección de los sucesos A y B puede indicar la probabilidad de que se cumpla A y B, o probabilidad conjunta de A y B, $P(AB)$. De igual manera la unión puede ser considerada una "o" lógica, y la $P(A \cup B)$ indica la probabilidad de que ocurra el suceso A o el B.

Ejemplo 3.1 *UN PROBLEMA SOBRE COINCIDENCIAS Una persona escribe n cartas y n sobres con las direcciones correspondientes. Si después introduce aleatoriamente las cartas en los sobres, se trata de encontrar la probabilidad de que al menos una carta esté en su sobre correspondiente.*

Hemos visto que:

$$P\left[A_1 \cup A_2 \cup \ldots \cup A_n\right] = P\left(A_1\right) \cup P\left(A_2\right) \cup \ldots \cup P\left(A_n\right) -$$
$$- P\left(A_1 \cap A_2\right) - P\left(A_1 \cap A_3\right) - \ldots -$$
$$- P\left(A_{n-1} \cap A_n\right) + P\left(A_1 \cap A_2 \cap A_3\right) +$$
$$+ \ldots + P\left(A_{n-2} \cap A_{n-1} \cap A_n\right) + \ldots + (-1)^{n+1} P\left(A_1 \cap \ldots \cap A_n\right)$$

Si llamamos A_i al suceso que la carta i sea introducida en el sobre tenemos $P\left(A_i\right) = \dfrac{1}{n}$.

Por tanto, $P\left(A_1\right) + P\left(A_2\right) + \ldots + P\left(A_n\right) = n\dfrac{1}{n} = 1$

Igualmente, la probabilidad que dos cartas determinadas i i j sean introducidas en sus sobres correspondientes es $\dfrac{1}{n(n-1)}$, por tanto,

$$P\left(A_1 \cap A_2\right) + P\left(A_1 \cap A_3\right) + \ldots = \binom{n}{2} \frac{1}{n(n-1)} = \frac{1}{2!}$$

Del mismo modo:

$$\sum P(A_i \cap A_j \cap A_k) = \binom{n}{3} \frac{1}{n(n-1)(n-2)} = \frac{1}{3!}$$

El resultado final es:

$$P_n = P(A_1 \cup A_2 \cup \ldots \cup A_n) = 1 - \frac{1}{2!} + \frac{1}{3!} - \frac{1}{4!} + \ldots + (-1)^{n+1} \frac{1}{n!}$$

Si hacemos crecer la n obtenemos un resultado sorprendente. Recordemos que la función exponencial se puede expresar por Taylor de la siguiente manera:

$$e^x = \sum_{n=0}^{\infty} \frac{x^n}{n!} \quad y \quad e^{-1} = \frac{1}{2!} - \frac{1}{3!} + \frac{1}{4!} - \ldots + (-1)^{n+1} \frac{1}{n!}$$

y haciendo el paso al límite de la probabilidad

$$\lim_{n \to \infty} P_n = 1 - \frac{1}{2!} + \frac{1}{3!} - \frac{1}{4!} + \ldots + (-1)^{n+1} \frac{1}{n!} + \cdots =$$

$$= 1 - \frac{1}{e} = 0,63212\ldots$$

3.2
Probabilidad condicionada

Sea Ω el espacio muestral correspondiente a una experiencia aleatoria. Sea A un subconjunto de Ω, o sea, un suceso asociado a la experiencia, y su probabilidad $P(A)$. Estudiamos ahora cómo varía esta probabilidad cuando pasamos a saber que otro suceso B ha tenido lugar. La nueva probabilidad de A se llama probabilidad condicionada del suceso A dado que el suceso B ha ocurrido, y la designamos con $P(A|B)$. Si sabemos que B se ha verificado, sólo tendremos que tener en cuenta los resultados de la experiencia incluidos en B, que también verifican A, y que es precisamente el conjunto $A \cap B$. Antes de calcular la probabilidad pasamos por las frecuencias. Si realizamos la experiencia N veces, designaremos con h el número de veces que sucede B, y de éstas, el número de veces que sucede A será k. De este modo:

$$f_N(A|B) = \frac{k}{h} = \frac{\dfrac{k}{N}}{\dfrac{h}{N}} = \frac{f_N(A \cap B)}{f_N(B)}$$

y como sabemos que la frecuencia relativa para N
tendiendo a infinito puede ser considerada probabilidad,
escribiremos:

$$P(A|B) = \frac{P(A \cap B)}{P(B)} \qquad (3.6)$$

que queda como definición de **probabilidad
condicionada**.

Vemos pues que la definición 3.6 tiene una interpretación
sencilla desde el punto de vista de la interpretación
frecuencialista de la probabilidad.

Ejemplo 3.2 *Estudiamos la probabilidad de que el
resultado de un dado sea impar si sabemos que ha salido
un 1.*

Tal como nos dice la intuición:

$$P(impar|1) = 1$$

Vamos a comprobarlo. El suceso impar es el subconjunto
1,3,5, por tanto:

$$P(impar|1) = \frac{P(impar \cap 1)}{P(1)} = \frac{P(\{1,3,5\} \cap 1)}{P(1)} = \frac{P(1)}{P(1)} = 1$$

Ejemplo 3.3 *Calcula la probabilidad de que en una
casilla de la quiniela futbolística haya un 2 si sabemos
que ha habido una variante (X ó 2).*

$$P(2|variante) = \frac{P(2 \cap \{X,2\})}{P(\{X,2\})} = \frac{P(2)}{P(\{X,2\})} = \frac{1/3}{2/3} = \frac{1}{2}$$

Ejemplo 3.4 *Consideremos por ejemplo el lanzamiento de dos dados. Definimos A como el suceso consistente en que la suma que dan los dos dados sea inferior a 7 y B el consistente en que aquella suma sea impar. Calculamos la probabilidad de A condicionada a B.*

Los posibles 36 resultados son:

(1,1)	(2,1)	(3,1)	(4,1)	(5,1)	(6,1)
(1,2)	(2,2)	(3,2)	(4,2)	(5,2)	(6,2)
(1,3)	(2,3)	(3,3)	(4,3)	(5,3)	(6,3)
(1,4)	(2,4)	(3,4)	(4,4)	(5,4)	(6,4)
(1,5)	(2,5)	(3,5)	(4,5)	(5,5)	(6,5)
(1,6)	(2,6)	(3,6)	(4,6)	(5,6)	(6,6)

El suceso B es:
(1,2), (1,4), (1,6), (2,1), (2,3), (2,5), (3,2), (3,4), (3,6),
(4,1), (4,3), (4,5), (5,2), (5,4), (5,6), (6,1), (6,3), (6,5)
y por tanto

$$P(B) = \frac{casos\ favorables}{casos\ posibles} = \frac{18}{36} = \frac{1}{2}$$

El suceso $A \cap B$ será el conjunto de casos en que la suma de los dados es impar (suceso B) y al mismo tiempo la suma es inferior a 7 (suceso A):

$$A \cap B = \{(1,2), (1,4), (2,1), (2,3), (3,2), (4,1)\}$$

por tanto:

$$P(A|B) = \frac{P(A \cap B)}{P(B)} = \frac{\frac{6}{36}}{\frac{1}{2}} = \frac{1}{6}2 = \frac{1}{3}$$

El problema se puede resolver también, considerando que el conjunto muestral es ahora el conjunto B, formado por 18 elementos: $n(B) = 18$ y el conjunto de resultados favorables es $A \cap B$ $(n(A \cap B) = 6)$ o sea, $P(A|B) = \dfrac{6}{18}$

Es muy frecuente la confusión entre la probabilidad de A condicionada a B con la probabilidad de B condicionada a A. Por ejemplo, la probabilidad de elegir un rey de una pelea, si nos informan que la carta elegida es una figura (sota, caballo y rey) es 1/3. En cambio, la probabilidad de que la carta elegida sea una figura si sabemos que es un rey es 1 (certeza).

Ejemplo 3.5 *Consideremos ahora otro ejemplo muy importante para sus aplicaciones. Un laboratorio tiene un grado de fiabilidad de 98 % en la detección del cáncer (o sea, si una persona tiene cáncer, en 98 % de los casos el análisis sale positivo, y si no lo tiene, 98 % a veces sale negativo). El 0,5 % de una determinada población tiene cáncer. Si una persona se ha sometido al análisis y resulta positivo, cuál es probabilidad de que esta persona sea cancerosa?*

Se trata, pues, de buscar la probabilidad condicionada $P(tenga\ cancer|analisis\ +)$. Si suponemos que se han analizado 20.000 personas tenemos que 0,5 %, o sea, 100 personas tendrán cáncer, y de éstas, 98 darán positivo. Ahora bien, el 2 % de las 19.900 sanas, o sea 398, darán positivo sin estar enfermas. El total de positivos es 98 + 398 = 496 y de estos 398, son falsos positivos. Por lo tanto, la $P(tenga\ cancer|analisis\ +) = 98/496 = 0,197$ o sea, que aproximadamente sólo el 20 % tiene cáncer aunque el análisis sea positivo.

Ejemplo 3.6 *Una nueva pareja, de la que sabemos que tiene dos hijos (pero no el sexo de estos), acaba de mudar a la Bonanova. Si nos encontramos en la madre con un hijo (varón). ¿Cuál es la probabilidad de que los dos hijos seamos varones? Supongamos que la probabilidad de que un hijo sea varón o hembra es $\frac{1}{2}$.*

Si pensamos rápidamente la respuesta muy probablemente diríamos que $\frac{1}{2}$, porque ya sabemos que un hijo es varón, y el otro puede ser varón o hembra a igual probabilidad.

Pero estudiamos más detenidamente. Si una pareja tiene dos hijos se pueden dar cuatro casos posibles (VV), (VH), (HV) y (HH) -HV significa que la hija mayor es hembra y el menor varón-. El hijo que nos hemos encontrado por la calle no sabemos si es el mayor o el menor. Lo que buscamos es la probabilidad de que ambos son machos sabiendo que al menos uno de los dos hijos es varón:

$$P[VV|al\ menos\ un\ varon] =$$

$$\frac{P[VV \cap al\ menos\ un\ varon]}{P[al\ menos\ un\ varon]} =$$

$$= \frac{P[VV \cap \{VV, VH, HV\}]}{P[\{VV, VH, HV\}]} =$$

$$= \frac{P[VV]}{P[\{VV, VH, HV\}]} = \frac{1/4}{3/4} = \frac{1}{3}$$

3.3
Teorema de Bayes

Los sucesos $A_1, A_2, ..., A_p$ constituyen una partición de Ω si $\Omega = A_1 \cup A_2 \cup ... \cup A_p$ y $A_i \cap A_j = \emptyset, i \neq j$ como vemos en la figura 3.3

Si B és un suceso de Ω tenemos que:

$B = (B \cap A_1) \cup (B \cap A_2) \cup (B \cap A_3) \cup ... \cup (B \cap A_n)$

y como $(A_i \cap B) \cap (A_j \cap B) = \emptyset$ al ser las particiones disjuntas, se verificará que:

$$P(B) = P(A_1 \cap B) + P(A_2 \cap B) + ... + P(A_P \cap B)$$

$$P(B) = P(A_1)P(B|A_1) + P(A_2)P(B|A_2) + ...$$
$$+ P(A_P)P(B|A_P) \quad (3.7)$$

Esta fórmula se conoce como **ley de la probabilidad total** ya que nos da la probabilidad de del total de un suceso en función de las probabilidades condicionadas de éste.

Como

$$P(A_i|B) = \frac{P(A_i \cap B)}{P(B)} =$$

$$= \frac{P(A_i)P(B|A_i)}{P(A_1)P(B|A_1) + P(A_2)P(B|A_2) + ... + P(A_p)P(B|A_p)}$$
$$(3.8)$$

que es el **teorema de Bayes**.

> **Nota:** Este teorema es especialmente útil cuando queramos calcular $P(A|B)$ si conocemos $P(B|A)$

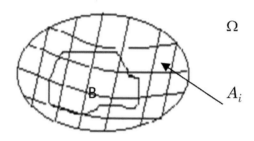

Figura 3.3: Ω partido en p particiones A_i, y suceso B

Ejemplo 3.7 *Una urna contiene una moneda normal y otra con dos caras. Escogemos una moneda al azar y al tirarla nos da cara. Probabilidad de que sea la moneda normal.*

Se nos pide la $P(normal|cara)$ y lo que conocemos es la $P(cara|normal)$. Si un elemento de la partición de Ω es moneda normal, la partición completa será.

$\Omega = \{moneda\ normal, moneda\ falsa\}$

Así, por Bayes:

$$P\left(Normal|Cara\right) =$$

$$\frac{P(Normal)P(Cara|Normal)}{P(Normal)P(Cara|Normal) + P(Falsa)P(Cara|Falsa)} =$$

$$= \frac{\dfrac{1}{2}\dfrac{1}{2}}{\dfrac{1}{2}\dfrac{1}{2} + \dfrac{1}{2}1} = \frac{1}{3}$$

Ejemplo 3.8 *Vamos a resolver el ejemplo 3.5 por Bayes*

$$P(cancer|+) =$$

$$\frac{P(cancer)P(+|cancer)}{P(cancer)P(+|cancer) + P(sano)P(+|sano)} =$$

$$= \frac{0,005 \ \cdot \ 0,980}{005 \ \cdot \ 0,98 + 0,995 \ \cdot \ 0,02} = 0,197$$

Ejemplo 3.9 *Los telefonistas de un hospital están muy ocupados y estadísticamente sólo el 60 % de las llamadas son atendidas en el momento. Al otro 40 % se les pide un teléfono de contacto para llamarles más adelante. El 75 % de las veces, estas llamadas no atendidas se cubren el mismo día y el 25 % se atienden el día siguiente. Se conoce, que cuando las llamadas son atendidas inmediatamente el 80 % de los que han llamado van a la consulta. En cambio sólo lo hará un 60 % si la llamada no atendida ha sido devuelta el mismo día, y sólo un*

*40 % si se recibe la llamada el día siguiente. ¿Qué
porcentaje de las personas que llaman pedirán visita?
¿Qué porcentaje de los pacientes que visitan el hospital
fueron atendidos en la primera?*

Definimos los siguientes sucesos:
V: acudir a la visita
I: llamada atendida inmediatamente
D: llamada atendida en el día
E: llamada atendida al día siguiente
Para encontrar el porcentaje que acude a la visita
utilizaremos la ley de probabilidades total:

$$P(V) = P(V|I)P(I) + P(V|D)P(D) + P(V|E)P(E) =$$
$$= 0{,}8 \cdot 0{,}6 + 0{,}6(0{,}4 \cdot 0{,}75) + 0{,}4(0{,}4 \cdot 0{,}25) =$$
$$= 0{,}48 + 0{,}18 + 0{,}04 = 0{,}7$$

Así, el 70 % de las personas que llaman acudirán a la visita.
El porcentaje de los pacientes que acuden que son
atendidos a la primera es:
$$P(I|V) = \frac{P(V|I)P(I)}{P(V)} = \frac{0{,}8 \cdot 0{,}6}{0{,}7} \approx 0{,}69$$

Ejemplo 3.10 *En un sistema de alarma, la probabilidad
de que se produzca un peligro es 0.1. Si este se produce,
la probabilidad de que la alarma funcione es 0.95. La
probabilidad de que funcione la alarma sin que haya
habido peligro es 12:03. a) Encuentre la probabilidad de
que, habiendo funcionado la alarma, no haya habido
peligro. b) Encuentre la probabilidad de que la alarma no
funcione y que haya un peligro. c) Encuentre la*

*probabilidad de que, en caso de que no haya funcionado
la alarma, haya un peligro.*

$P(p) = 0{,}1$ probabilidad que haya peligro
$P(A|p) = 0{,}95$ probabilidad que funcione la alarma si hay
peligro
$P(A|\overline{p}) = 0{,}03$ probabilidad que funcione la alarma sin que
haya peligro

Por Bayes:

$$P(\overline{p}/A) = \frac{P(A/\overline{p}) \cdot P(\overline{p})}{P(A/\overline{p}) \cdot P(\overline{p}) + P(A/p) \cdot P(p)} =$$

$$= \frac{0{,}03 \cdot 0{,}9}{0{,}03 \cdot 0{,}9 + 0{,}95 \cdot 0{,}1} = 0{,}221$$

b) Ahora se nos pide encontrar la probabilidad de que
sucedan dos sucesos a la vez, es decir, la probabilidad de
una intersección de sucesos:

$$P(\overline{A} \cap p) = P(\overline{A}/p) \cdot P(p) = 0{,}05 \cdot 0{,}1 = 0{,}005$$

c) Otra vez, por Bayes:

$$P(p/\overline{A}) = \frac{P(\overline{A}/p) \cdot P(p)}{P(\overline{A}/p) \cdot P(p) + P(\overline{A}/\overline{p}) \cdot P(\overline{p})}$$

$$P(\overline{A}/p) = 1 - P(A/p) = 1 - 0{,}95 = 0{,}05$$

$$P(\overline{A}/\overline{p}) = 1 - P(A/\overline{p}) = 1 - 0{,}03 = 0{,}97$$

$$P(p/\overline{A}) = \frac{0{,}05 \cdot 0{,}1}{0{,}05 \cdot 0{,}1 + 0{,}97 \cdot 0{,}9} = 0{,}00569$$

Corolario 1:(Aportación del teorema de Bayes a la inducción) Sabemos que la inducción trata de encontrar leyes generales, a partir de casos particulares. Pero pasar de un cierto número de observaciones (aunque sea muy grande siempre será finito) a una ley general, y por tanto, válida en infinitos casos, es un salto muy grande que da lugar a un problema epistemológico muy difícil. Veremos ahora si el teorema de Bayes nos da luz en esta cuestión.

Supongamos que A es una afirmación con una probabilidad $P(A)$ de ser cierta. Vamos a realizar un experimento H para verificar la hipótesis A, de manera que si A es cierto, el experimento H será exitoso, así que $P(H|A) = 1$, y si A es falso el experimento H tendrá éxito (debido, por ejemplo, al azar) con una probabilidad p_1.

Matemáticamente:

$P(H|\overline{A}) = p_1$ y $P(Hnveces|\overline{A}) = p_1^n$

Calculamos la probabilidad de A sabiendo que H ha ocurrido n veces:

$$P(A|Hnveces) =$$

$$\frac{P(Hnveces|A)P(A)}{P(Hnveces|A)P(A) + P(Hnveces|\overline{A})P(\overline{A})}$$

La probabilidad de que H tenga éxito siendo A falso n veces en n pruebas es p_1^n por el teorema de las probabilidades compuestas.

Por lo tanto, $\dfrac{1 \cdot P(A)}{1 \cdot P(A) + p_1^n[1 - P(A)]}$

Como $\lim\limits_{n\to\infty} p_1^n = 0$, la probabilidad de que A sea cierta después de tener n éxitos en el experimento, se acerca a 1 (certeza) al crecer n.

3.3.1. Teorema de las probabilidades compuestas

De (3.6) se deduce que

$$P(A \cap B) = P(B)P(A|B) \qquad (3.9)$$

Esta fórmula se denomina **teorema de las probabilidades compuestas.**

Ejemplo 3.11 *Si dentro de una urna tenemos cinco bolas blancas y tres negras. ¿Cuál es la probabilidad de sacar dos bolas blancas?*

Si B es sacar bola blanca en la primera extracción y A sacar bola blanca en la segunda, la probabilidad buscada es:

$$P(AB) = P(B)P(A|B) = \frac{5}{8}\frac{4}{7} = \frac{20}{56} = \frac{5}{14}$$

3.4
Sucesos independientes

Diremos que dos sucessos A y B son independientes si la verificación de uno de ellos no influye sobre el otro. Así:

$$P(A|B) = P(A) \qquad (3.10)$$

Entonces, el teorema de las probabilidades compuestas queda en la forma:

$$P(A \cap B) = P(B)P(A|B) = P(B)P(A) \qquad (3.11)$$

Destacamos que si $P(A|B) = P(A)$ también
$P(B|A) = P(B)$
En efecto:

$$P(B|A) = \frac{P(A \cap B)}{P(A)} = \frac{P(A)P(B)}{P(A)} = P(B)$$

3.4.1. Teorema

Si A y B son sucesos independientes entonces los sucesos A y $\overline{B}$ también lo son.
Demostración:
$A = (A \cap B) \cup (A \cap \overline{B})$
$P(A) = P(A \cap B) + P(A \cap \overline{B})$
y como A y B son independientes:
$P(A \cap B) = P(A)P(B)$
obtenemos
$P(A \cap \overline{B}) = P(A) - P(A \cap B) = P(A) - P(A)P(B) = P(A)[1 - P(B)] = P(A)P(\overline{B})$
y por tanto, A y $\overline{B}$ son independientes.

Si queremos generalizar estos conceptos debemos tener presente que si tenemos varios sucesos que son independientes dos a dos, esto no implica la independencia en el conjunto. Para que tres sucesos sean independientes se debe cumplir:
$P(A \cap B) = P(A)P(B)P(A \cap C) = P(A)P(C)P(B \cap C) = P(B)P(C)P(A \cap B \cap C) = P(A)P(B)P(C)$

Ejemplo 3.12 *Supongamos una urna con bolas b_1, b_2, b_3*

y b_4 y consideramos el experimento de sacar una sola bola.

Verificando que la probabilidad de extraer cada una de ellas es $\dfrac{1}{4}$

$$p(b_1) = p(b_2) = p(b_3) = p(b_4) = \frac{1}{4}$$

consideremos los sucesos

$$A = \{b_1, b_2\}, B = \{b_1, b_3\}, C = \{b_1, b_4\}$$

entonces

$$A \cap B = \{b_1\}, \quad B \cap C = \{b_1\}, \quad A \cap C = \{b_1\}$$

y también

$$P(A) = \frac{1}{4} + \frac{1}{4} = \frac{1}{2} = P(B) = P(C)$$

$$A \cap B \cap C = \{b_1\}$$

Tenemos

$$P(A \cap B) = P(A \cap C) = P(B \cap C)$$

$$P(A \cap B \cap C) = \frac{1}{4} \neq \frac{1}{2} \cdot \frac{1}{2} \cdot \frac{1}{2}$$

Observamos, pues, según dos a dos, A y B son independientes, A y C también, y también B y C, pero en cambio, los tres sucesos no son independientes.

3.4.2.   Teorema

Si dos sucesos A y B son incompatibles y $A \neq \emptyset$,
entonces A y B son dependientes.
Demostración:
$P(A|B) = 0$ ya que al ser incompatibles si se cumple B
no se puede cumplir A.
Por hipótesis $P(A) \neq 0$, con lo que $P(A|B) \neq P(A)$.

Ejemplo 3.13 *Si sacamos una carta de una baraja de 48
cartas estudiamos la independencia de estos dos sucesos:*
A: que sea un as
C: que sea copas.

Intuitivamente ya podemos decir que estos dos sucesos son
independientes. Estudiamos, de todas formas, las
probabilidades totales y condicionadas:
$P(A) = 4/48$
$P(C) = 1/4$
$P(A \cap C) = 1/48$

$$P(A|C) = \frac{P(A \cap C)}{P(C)} = \frac{1/48}{1/4} = \frac{4}{48} =$$
$$= P(A)P(C|A) = \frac{P(A \cap C)}{P(A)} = \frac{1/48}{4/48} = \frac{1}{4} = P(C)$$

Ejemplo 3.14 *Probabilidad de obtener dos caras al tirar
una moneda dos veces.*

Llamemos A al suceso *cara en el primer lanzamiento* y B a
cara al segundo lanzamiento. Es evidente que el resultado

del primer experimento no influye en el segundo, por lo tanto, podemos decir que son sucesos independientes.

Así, la probabilidad de que ambos sucesos tengan éxito, es decir, P(AB), será:

$$P(AB) = P(A)P(B) = \frac{1}{2}\frac{1}{2} = \frac{1}{4}$$

Este resultado es idéntico al que obtendríamos si planteamos el problema con un espacio muestral con todos los sucesos posibles, que además serán equiprobables.

Todos los resultados posibles al lanzar una moneda dos veces es:

$$\Omega = \{(cara, cara), (cara, cruz), (cruz, cara), (cruz, cruz)\}$$

La probabilidad de (cara, cara) será $\frac{1}{4}$.

Ejemplo 3.15 *Probabilidad de obtener el total 12 al menos una vez en n partidas de dos dados.*

Calculamos la probabilidad del evento contrario:
Tenemos 36 casos elementales igualmente probables y el 12 sólo se puede obtener con (6,6). Por lo tanto, la probabilidad de no obtener 12 en una tirada es $\frac{35}{36}$ y en n tiradas $\left(\frac{35}{36}\right)^n$.

La probabilidad que se pide es pues: $1 - \left(\frac{35}{36}\right)^n$

Ejemplo 3.16 *Dado un espacio de probabilidades, consideramos dos sucesos independientes A1 y A2 con probabilidades $P(A1) = p_1$ y $P(A2) = p_2$. a) Calcular la probabilidad de que alguno de estos dos eventos no se produzca. b) Se sabe que $p_1 + p_2 = 0,5$. ¿Entre qué valores estará delimitada la probabilidad anterior?*

a) La probabilidad de que uno de los dos no se produzca es
la probabilidad de la unión de los sucesos: *A1 no se
produce* y *A2 no se produce*, que en la Figura 7.1 vemos
que es todo el espacio excepto la intersección entre A y B.
Analíticamente:

$$P(\overline{A1} \cup \overline{A2}) = P(\overline{A1}) + P(\overline{A2}) - P(\overline{A1} \cap \overline{A2}) =$$
$$= P(\overline{A1}) + P(\overline{A2}) - P(\overline{A1}) \cdot P(\overline{A2}) =$$
$$= 1 - p1 + 1 - p2 - (1 - p_1) \cdot (1 - p_2) =$$
$$= 1 - p_1 + 1 - p_2 - 1 + p_1 + p_2 - p_1 \cdot p_2 = 1 - p_1 \cdot p_2$$

b) Sabemos por un lado que
$p_1 + p_2 = 0{,}5$
y de la probabilidad anterior $P = 1 - p_1 p_2$ y substituyendo
$P = 1 - p_1 p_2 = 1 - p_2(0{,}5 - p_2)$
Para encontrar el mínimo tendremos que derivar P
respecto p_2: $P' = -0{,}5 + 2p_2 = 0$, lo que nos da una
$p_2 = 0{,}25$
Así, la probabilidad mínima es:
$P = 1 - 0{,}25 \cdot 0{,}25 = 0{,}9375$
La probabilidad máxima la tendremos por $p_1 = p_2 = 0$ con
lo que la probabilidad máxima és 1.

Ejemplo 3.17 *EL PROBLEMA DE AJEDREZ Para
entrar a formar parte de un club de ajedrez tienes que
jugar tres partidas contra los dos socios A y B más
recientes del club y tienes que ganar dos partidas
consecutivas. Las tres partidas serán contra A primero,
después contra B, y finalmente contra A. O bien,*

empezando contra B, después contra A, y luego contra
B. Es decir, con estos órdenes ABA, o bien BAB.
Sabemos que A es un gran jugador y B es mediocre.
Contra quién debe jugar primero?

La probabilidad de vencer a A es p_1 y a B p_2, cumpliendo
naturalmente que $p_1 < p_2$.

La probabilidad de ganar, es decir, de entrar a formar
parte del club con la alternativa ABA es

$P_{ABA} = p_1 p_2 + (1-p_1)p_2 p_1 = p_1 p_2(1+1-p_1) = p_1 p_2(2-p_1)$

La probabilidad con la otra alternativa BAB es,

$P_{BAB} = p_2 p_1 + (1-p_2)p_1 p_2 = p_1 p_2(2-p_2)$

La diferencia entre ambas probabilidades es

$P_{ABA} - P_{BAB} = p_1 p_2(2-p_1-2+p_2) = p_1 p_2(p_2-p_1) > 0$

Es decir $P_{ABA} > P_{BAB}$.

No es muy intuitivo que para ganar le convenga la
alternativa ABA, ya que debe jugar 2 veces con el jugador
A, pero la cosa es más comprensible si observamos que
debe ganar, necesariamente la $2^{\underline{a}}$ partida. Le conviene
pues, jugarla contra B, es decir, el orden debería ser ABA.

Capítulo 4

Variable aleatoria

Capítulo extraído de Probabilidad. De Lluís Vicent y Ramon Villalbí.

Muchas veces, los resultados obtenidos de los espacios muestrales son difíciles de ser tratados, debido a que estos resultados no son numéricos. En cambio, trabajar con números nos permite hacer uso de todo tipo de tratamiento matemático. Por esta razón haremos el paso del espacio muestral original Ω a otro espacio muestral inducido, Ω', compuesto por elementos numéricos. Hay que pensar también, que muchas veces un proceso no depende sólo de un parámetro. Por ejemplo, el precio de una carrera de taxi depende del tiempo y del espacio recorrido, además de algún añadido más. Y el tiempo y el espacio son procesos inciertos, aleatorios, al igual que el precio. Pero sabemos que este dependerá de los primeros. Será bueno, por tanto, utilizar variables aleatorias y funciones para relacionar diferentes procesos.

---4.1---
Definición de variable aleatoria

Una variable aleatoria es una función de un espacio muestral sobre los números reales.

$$X : \Omega \to \Re$$
$$w \to X(w)$$

Si, por ejemplo, Ω es el conjunto de personas de un colectivo (como los alumnos de una clase), una variable aleatoria sería, por ejemplo, asignar a cada persona su estatura. La variable aleatoria es una función, pero no toda función es una variable aleatoria. La condición para que una función sea una variable aleatoria es:

$$X \in \Re : X(w) \leq x \in a, x \in \Re$$

es decir, que para cualquier $x \in \Re$ el conjunto de elementos de Ω tales que su imagen es menor que x, debe ser un suceso del experimento, es decir, elemento de la $\sigma - algebra\ a$.

Esta condición que se impone a la función $x : \Omega \to \Re$ para ser una *variable aleatoria* no es nada arbitraria. Fijémonos como el conjunto$c = \{x|X(w) \leq x\} \in a$ es un

suceso que ya pertenece a A y por tanto tiene una
probabilidad. Así nos permite obtener la probabilidad de
que la variable aleatoria tome valores inferiores a x dado:
$P(c) = P(X \leq x)$.
Del mismo modo, gracias a la condición anterior,
impuesta a la variable aleatoria tenemos:

$$P(a \leq x \leq b) = P(x \leq b) - P(x \leq a)$$

ya que

$$\{w|a \leq X(w) \leq b\} = \{w|X(w) \leq b\} - \{w|X(w) \leq a\}$$

---4.2---
Variable aleatoria discreta

Si la variable aleatoria toma un número finito de valores
o infinito, pero numerable, diremos que es una variable
aleatoria discreta.
Para una variable aleatoria discreta escribiremos
$P(X = x_i) = f(x_i) \ para \ i = 1, 2, 3, ...$
La función f recibe el nombre de **función probabilidad
o cuantía** y tiene las siguientes propiedades:

$$1) f(x_i) \geq 0 \ para \ x_i = 1, 2, ... \qquad (4.1)$$

$$2) \sum_i f(x_i) = 1 \qquad (4.2)$$

Con el símbolo $F(x)$ (F mayúscula) representaremos la
llamada **función de distribución o acumulación** y es

definida por:

$$F(x) = P(X \leq x) = \sum_{x_i \leq x} f(x_i) \qquad (4.3)$$

o sea, que la función de distribución da la probabilidad
de que un valor observado sea menor o igual que el
número real x. Por lo tanto, $F(x)$ es una función no
decreciente. Habitualmente, y para diferenciar las
funciones de distribución de diferentes variables
aleatorias, se escribe $F_X(x)$ y se lee función de
distribución de la variable X. A veces en un juego nos
interesa saber la probabilidad de ganar al menos x euros,
o la probabilidad de que un niño cuando sea mayor pese
más de x kg, etc. En estos casos la función distribución
nos dará la probabilidad buscada. Observamos como si el
conjunto que verifica $X(w)$ no fuera un suceso, $F(x)$ no
existiría. Las propiedades de la función F son:

1) $0 \leq F(x) \leq 1$ $\hspace{3.5cm}$ $\forall x \in \Re$ $\hspace{0.5cm}$ (4.4)

2) $x_1 < x_2 \Rightarrow F(x_1) \leq F(x_2),$ $\hspace{1cm}$ $\forall x_1, x_2 \in \Re$ $\hspace{0.3cm}$ (4.5)

3) $P(a < X < b) = F(b) - F(a)$ $\hspace{3.2cm}$ (4.6)

Ejemplo 4.1 *Tiramos una moneda 3 veces, y sea X el
número de caras que han salido. Encuentra la función de
distribución de la variable X.*

Los valores que puede tomar X son 0, 1, 2 ó 3, siendo la

función de probabilidad:

$$P(X=0) = \frac{1}{8} \quad P(X=1) = \frac{3}{8}$$

$$P(X=2) = \frac{3}{8} \quad P(X=3) = \frac{1}{8}$$

Los casos posibles serán
$\Omega =$
$\{CCC, CCX, CXC, CXX, XCC, XCX, XXC, XXX\}$.
Observando la función probabilidad podemos calcular la
función distribución. Esta función vendrá definida por
tramos, ya que en este caso es evidente que
$F_X(0,3) = P[X \leq 0,3] = F_X(0,8) = F_X(0)$, para que la X
no puede tomar valores no naturales.
Así habrá que estudiar los casos en que

$$x < 0$$
$$0 \leq x < 1$$
$$1 \leq x < 2$$
$$2 \leq x < 3$$
$$3 \leq x$$

donde obtendremos

$$F_X(x) = 0 \quad si \; x < 0$$
$$F_X(x) = \tfrac{1}{8} \quad si \; 0 \leq x < 1$$
$$F_X(x) = \tfrac{1}{8} \quad si \; 1 \leq x < 2$$
$$F_X(x) = \tfrac{7}{8} \quad si \; 2 \leq x < 3$$
$$F_X(x) = 1 \quad si \; x \geq 3$$

gráficamente representado en la Figura 4.2.

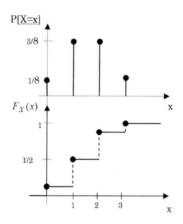

Figura 4.1: Funciones de probabilidad y distribución de 3 tiradas de moneda

Ejemplo 4.2 *Se tiran dos dados. Si X representa el número de puntos del primer dado e Y los del segundo, estudia la variable Z = X + Y suma de los puntos del dos dados.*

Estudiemos los casos posibles:

1,1	1,2	1,3	1,4	1,5	1,6
2,1	2,2	2,3	2,4	2,5	2,6
3,1	3,2	3,3	3,4	3,5	3,6
4,1	4,2	4,3	4,4	4,5	4,6
5,1	5,2	5,3	5,4	5,5	5,6
6,1	6,2	6,3	6,4	6,5	6,6

Por cada par la variable Z tomará respectivamente:

$$
\begin{array}{cccccc}
2 & 3 & 4 & 5 & 6 & 7 \\
3 & 4 & 5 & 6 & 7 & 8 \\
4 & 5 & 6 & 7 & 8 & 9 \\
5 & 6 & 7 & 8 & 9 & 10 \\
6 & 7 & 8 & 9 & 10 & 11 \\
7 & 8 & 9 & 10 & 11 & 12
\end{array}
$$

Así, utilizando la definición clásica de Laplace de probabilidad (casos favorables / casos totales) obtenemos la función probabilidad siguiente:

z	2	3	4	5	6	7	8	9	10	11	12
$P(Z=z)$	$\dfrac{1}{36}$	$\dfrac{2}{36}$	$\dfrac{3}{36}$	$\dfrac{4}{36}$	$\dfrac{5}{36}$	$\dfrac{6}{36}$	$\dfrac{5}{36}$	$\dfrac{4}{36}$	$\dfrac{3}{36}$	$\dfrac{2}{36}$	$\dfrac{1}{36}$

De aquí se deduce fácilmente la función de distribución $F_Z(z)$. Así por ejemplo:

$$
F_Z(5) = P(Z \le 5) = \frac{1}{36} + \frac{2}{36} + \frac{3}{36} + \frac{4}{36} = \frac{10}{36}
$$

$$
F_Z(11) = P(Z \le 11) = 1 - P(Z = 12) = \frac{35}{36}
$$

Ejemplo 4.3 *Sea la variable aleatoria X con función densidad*

$$
f(x) = \begin{cases} \dfrac{e^{-1}}{x!} & para \ x = 0, 1, 2\ldots \\ 0 & para \ el \ resto \ de \ valores \end{cases}
$$

Prueba que, efectivamente, es una función densidad.

Busquemos la suma

$$\sum_{x=0}^{\infty} \frac{e^{-1}}{x!} =$$

$$= e^{-1} \cdot \left(\frac{1}{0!} + \frac{1}{1!} + ... + \frac{1}{n!} + ... \right) =$$

$$= e^{-1} \cdot e = 1$$

Ejemplo 4.4 *La variable aleatoria X tiene una función de probabilidad:*

$$f(x) = \left\{ \begin{array}{ll} K \cdot 2^x & para \ x = 1, 2, ... N \\ 0 & para \ el \ resto \ de \ valores \end{array} \right.$$

Calcula K y P(8) para N=8.

$$\sum_{i=1}^{8} K \cdot 2^i = 1 \rightarrow K \cdot 2 + K \cdot 2^2 + ... + K \cdot 2^8 = 1$$

y aplicando la suma de una serie geométrica

$$K \cdot \frac{2 - 2^{8+1}}{1 - 2} = 1 \Rightarrow K = \frac{1}{510}$$

La probabilidad que X tome el valor 8 será:

$$P\left[X = 8\right] = \frac{1}{510} 2^8 = \frac{1}{2}$$

—4.3—
Variable aleatoria continua

Hasta ahora hemos tratado las variables aleatorias
discretas, las cuales toman un número finito de valores
reales o bien un número infinito pero numerable.

Ahora bien, la medida, por ejemplo, de una longitud
puede tomar cualquier valor de un cierto intervalo y en
este caso diremos que tenemos una variable aleatoria
continua.

Una variable aleatoria discreta podía tomar los valores
$x_1, x_2, x_3, \ldots$ con probabilidades $p_1, p_2, p_3, \ldots$ y
verificando:

$p_i \geq 0$ y $\sum_{i=1}^{\infty} p_i = 1$ Si la variable x puede tomar todos

los infinitos valores posibles del conjunto $\Re$ o todos los
valores de un intervalo (a, b) diremos que se trata de
una variable aleatoria continua. Por ejemplo, si lanzamos
al azar una aguja, infinitamente delgada sobre el
segmento (0,1), el punto de intersección x es una
variable aleatoria continua La probabilidad de que la

Figura 4.2: Probabilidad de variable aleatoria continua

variable X tome un valor menor que x la designaremos

por $F(x)$ y escribiremos:

$$P(X < x) = F(x)$$

Esta función $F(x)$ la llamaremos función de distribución. Si $F(x)$ es una función continua y diferenciable diremos que la variable aleatoria X es una variable continua.

Propiedades de $F(x)$

$$0 \leq F(x) \leq 1 \qquad (4.7)$$

Es consecuencia inmediata de la función distribución.

$$F(x) \ es \ una \ funcion \ no \ decreciente \qquad (4.8)$$

o sea, si $x_2 > x_1 \rightarrow F(x_2) \geq F(x_1)$

En efecto: consideremos que $x_2 > x_1$. El suceso consiste en que X toma valores menores que x_2. Demostremoslo. Por el axioma de probabilidad sobre la unión de succesos (3.5) sabemos:

$$P(X < x_2) = P(X < x_1) + P(x_1 \leq X < x_2)$$

$$F(x_2) - F(x_1) = P(x_1 \leq X \leq x_2)$$

Como toda probabilidad es un número positivo, tenemos:

$$P(x_1 \leq X < x_2) \geq 0$$

o sea,

$$F(x_2) - F(x_1) \geq 0 \Rightarrow F(x_2) \geq F(x_1)$$

Si tomamos $x_1 = a$ y $x_2 = b$ obtenemos el corolario: La probabilidad de que X tome un valor del intervalo (a, b) es el incremento de la función de distribución en este intervalo:

$$P(a \le X \le b) = F(b) - F(a) \qquad (4.9)$$

Ejemplo 4.5 *La variable aleatoria X admite la función de distribución:*

$$F(x) = \begin{cases} 0 & si \ x \le -1 \\ \frac{1}{3}x + \frac{1}{3} & si \ -1 < x \le 2 \\ 2 & si \ x > 2 \end{cases}$$

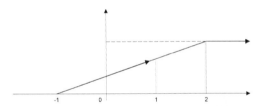

Figura 4.3: Función distribución de variable aleatoria continua

Si queremos calcular la probabilidad que X tome un valor en el intervalo (0,1) tenemos:

$$P\left(0 < x < 1\right) = F\left(1\right) + F\left(0\right) =$$

$$\left(\frac{1}{3} \cdot 1 + \frac{1}{3}\right) - \left(\frac{1}{3} \cdot 0 + \frac{1}{3}\right) = \frac{1}{3}$$

Como segundo corolario importante tenemos: **La
probabilidad de que una variable aleatoria continua
X tome un valor determinado es igual a cero**.
En efecto:

$$P(x_1 \leq X < x_1 + \Delta x_1) = F(x_1 + \Delta x_1) + F(x_1)$$

Como $F(x)$ es continua, si Δx la hacemos tender a 0 la
diferencia $F(x_1 + \Delta x) - F(x_1)$ también tiende a 0, y
por tanto $P(X = x_1) = 0$. Como consecuencia, son
verdaderas las igualdades:

$$P(a \leq X \leq b) =$$
$$= P(a < X < b) = P(a < X \leq b) =$$
$$= P(a \leq X < b)$$

Y,

$$P(a \leq X \leq b) = P(a < X < b)$$

ya que,

$$P(a \leq X \leq b) =$$
$$= P(X = a) + P(a < X < b) + P(X = b) =$$
$$= P(a < X < b)$$

El hecho de que la probabilidad de una variable continua
en un valor concreto es 0 nos indica que no tiene ningún
sentido plantearse esta probabilidad. En casos de
funciones continuas tendremos que estudiar la

probabilidad de que la variable caiga dentro de un
intervalo. De hecho si queremos escribir un valor real
debemos representar infinitos decimales (aunque sean
todos cero pero son infinitos). La probabilidad de que
una variable tome un valor con infinitos decimales es
cero intuitivamente. También es intuitivo si lo miramos
desde la definición clásica de probabilidad. Por ejemplo,
si X puede tomar valor entre 0 y 1 cuál es la
$P[X = 0,30000...]$:

$$P\left[X = 0{,}3\right] = \frac{casos\ favorables}{casos\ posibles} = \frac{1}{\infty} = 0$$

Debemos evitar afirmar que como $P(X = x_1) = 0$
entonces el suceso $X = x_1$ es imposible ya que, tras la
experiencia, X toma uno de los valores posibles y este
puede ser igual a x_1.
Para abundar más en el que acabamos de afirmar
consideramos el siguiente experimento:

Ejemplo 4.6 *Una aguja gira libremente alrededor de un
eje vertical y sobre un disco horizontal marca una escala
del 0 al 10. La variable X puede tomar todos los valores
del intervalo (0,10).*
*Para acabar de aclarar esta cuestión consideramos la
experiencia siguiente:*
*Supongamos que tenemos un segmento $\overline{AB}$ de longitud
100 cm. Si escogemos al azar un punto P de este
segmento, la posición de P será una variable aleatoria
distribuida uniformemente sobre $\overline{AB}$.*

*Veremos ahora la imposibilidad"de atribuir a una
posición de P sobre $\overline{AB}$ una probabilidad diferente de 0.*

Al ser la distribución uniforme tenemos que la
probabilidad de caer P sobre un segmento $\overline{MN}$ de longitud
h es $\frac{h}{\overline{AB}} = \frac{h}{100}$.

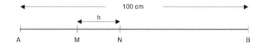

Figura 4.4: Suceso $\overline{MN}$ dentro del espacio $\overline{AB}$

Si la probabilidad de escoger P fuera $\varepsilon > 0$ consideramos el
segmento de longitud ε, que tiene a P como punto medio.
Para que un punto elegido al azar sea P es necesario,
obviamente, que pertenezca al entorno $\left(P - \frac{\varepsilon}{2}, P + \frac{\varepsilon}{2}\right)$, de
probabilidad $\frac{\varepsilon}{100}$. Además la probabilidad "ε" de que P

Figura 4.5: Probabilidad alrededor del punto P

sea escogido es menor que esta probabilidad $\frac{\varepsilon}{100}$ (ya que P
es uno de los infinitos puntos del entorno), o sea $\varepsilon < \frac{\varepsilon}{100}$,
que es absurdo. No podemos pues asignar a P una
probabilidad diferente de 0, y sin el suceso no es imposible.

Por lo tanto una probabilidad nula no es imposible, y al
mismo tiempo, un suceso de probabilidad 1 no es seguro y
diremos que es *casi - seguro*. Otra propiedad inmediata de
$F(x)$ es: Si la variable X toma valores únicamente en el
intervalo (a, b):

$$a) F(x) = 0 \ si \ x \leq a$$
$$b) F(x) = 1 \ si \ x \geq b$$

y también si los valores posibles de X son todos los valores
reales o sea $\Re$:

$$\lim_{x \to \infty} F(X) = 0 \ y \ \lim_{x \to \infty} F(X) = 1$$

4.3.1. Función densidad de probabilidad

Se denomina función densidad de la variable aleatoria
continua x a la derivada de la función de distribución
$f(x) = F'(x)$ Con esta definición es válida la igualdad:

$$P(a < x < b) = \int_a^b f(x) \cdot dx \qquad (4.10)$$

ya que,

$$\int_a^b f(x) \cdot dx = \int_a^b F'(x) \cdot dx = F(x)]_a^b =$$
$$= F(b) - F(a) = P(a < x < b)$$

La interpretación geométrica del teorema anterior és:
Como $\int_a^b f(x) \cdot dx = F(b) - F(a)$ podemos decir que

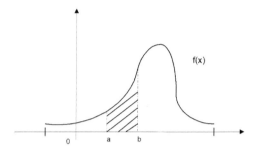

Figura 4.6: Función densidad de variable aleatoria continua

la probabilidad de que la variable aleatoria x tome valores del intervalo (a, b) es el área limitada por el eje OX, la curva densidad $y = f(x)$ y las rectas x = a, x = b. La gráfica de la función densidad nos da idea de qué zonas son más probables y cuáles menos.

La función de densidad de probabilidad cumple:

$$f(x) \geq 0 \qquad (4.11)$$

$$\int_{-\infty}^{\infty} f(x)dx = 1 \qquad (4.12)$$

$$P(a \leq x \leq b) = \int_{a}^{b} f(x) \cdot dx \qquad (4.13)$$

La probabilidad de succesos como $x \geq a$, $x \leq b$,

$a \leq x \leq b$ se puede calcular con la función f. Así:

$$P(a \leq x \leq b) = \int_a^b f(x)dx$$

$$P(x \leq b) = \int_{-\infty}^b f(x)dx$$

$$P(x = a) = \int_a^a f(x)dx = 0$$

Ejemplo 4.7 *Sea x una variable aleatoria continua con función densidad:* $f(x) = \begin{cases} \frac{1}{2}x & si\ 0 \leq x \leq 2 \\ 0 & otros\ puntos \end{cases}$

La gráfica de f es la Figura 4.3.1: Fijémonos como es una

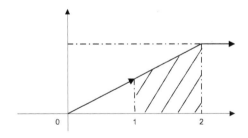

Figura 4.7: Función densidad

función densidad. La condición (4.11) se verifica ya que

$f(x) \geq 0$ y la condición (4.12) también se verifica ya que,

$$\int_{-\infty}^{\infty} f(x)dx = \int_{-\infty}^{0} 0dx + \int_{0}^{2} \frac{1}{2}xdx + \int_{2}^{\infty} 0dx =$$

$$= \int_{0}^{2} \frac{1}{2}xdx = \left[\frac{1}{2} \frac{x^2}{2} \right]_{0}^{2} = \frac{1}{2}\frac{4}{2} = 1$$

Si queremos buscar $P(1 \leq x \leq 2)$ lo podemos hacer con integral:

$$\int_{1}^{2} \frac{1}{2}xdx = \frac{x^2}{4} \Big|_{1}^{2} = \frac{4}{4} - \frac{1}{4} = \frac{3}{4}$$

Esta probabilidad es, naturalmente, el área del trapecio sombreado en la Figura 4.3.1.

4.3.2. Función distribución de probabilidad

Si calculamos la probabilidad,

$$F_X(x) = P(X \leq x) = P(-\infty \leq X \leq x) = \int_{-\infty}^{x} f(t)dt$$

obtenemos la función que llamamos función de distribución y que representamos por $F_X(x)$

$$F_X(x) = \int_{-\infty}^{x} f(t)dt$$

En el ejemplo anterior tenemos

$$F_X(x) = \begin{cases} \int_{-\infty}^x f(t)dt = \\ \quad = \int_0^x \frac{1}{2}t\,dt = \left.\frac{t^2}{4}\right|_0^x = \frac{x^2}{4} & 0 < x < 2 \\ 0 & x < 0 \\ 0 & x > 2 \end{cases}$$

Respresentada en la Figura 4.3:

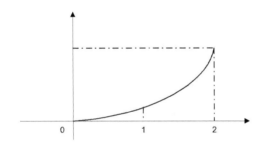

Figura 4.8: Función distribución

Ejemplo 4.8 *Sea X la variable aleatoria de la función densidad*

$$f(x) = \begin{cases} e^{-x} & para\ x \geq 0 \\ 0 & otros \end{cases}$$

a)Prueba que f es una función densidad
b)Calcula la función de distribución
c)Gráficas de $f(x)$ y $F(x)$

d)$P(1 \leq x \leq 2)$

a)
$$\int_0^\infty e^{-x}dx = \left[-e^{-x}\right]_0^\infty = 0 + e^0 = 1$$

b)
$$\int_0^x e^{-t}dt = \left[-e^{-t}\right]_0^x = 1 - e^{-x}$$

por tanto:

$$F_X(x) = \begin{cases} 0 & si \ x \leq 0 \\ 1 - e^{-x} & si \ x \geq 0 \end{cases}$$

c) La gráfica de la función densidad es la Figura 4.3.2 y la función distribución la Figura 4.3.2.

Figura 4.9: Función densidad

d)

$$P(1 \leq x \leq 2) = F(2) - F(1) = (1 - e^{-2}) - (1 - e^{-1}) =$$
$$= e^{-1} - e^{-2} = \frac{1}{e} - \frac{1}{e^2} = \frac{e - 1}{e^2}$$

Figura 4.10: Función distribución

Ejemplo 4.9 *La duración (en horas) de un tubo fluorescente es una variable aleatoria con densidad:*

$$f(x) = \begin{cases} \dfrac{100}{x^2} & si\ x > 100 \\ 0 & si\ x < 100 \end{cases}$$

¿Cuál es la probabilidad que un tubo dure menos de 200 horas si sabemos que funciona después de 150 horas?

Se trata de una probabilidad condicionada:

$$P[X < 200 | X > 150] = \frac{P[(X < 200) \cap (X > 150)]}{P[X > 150]} =$$
$$= \frac{P[150 < X < 200]}{P[X > 150]}$$

$$P[150 < X < 200] = \int_{150}^{200} \frac{100}{x^2} dx =$$
$$= -100\ \frac{1}{x}\bigg|_{150}^{200} = -\frac{1}{2} + \frac{10}{15}$$

$$P[X > 150] = \int_{150}^{200} \frac{100}{x^2}\,dx = -\left.\frac{100}{x}\right|_{150}^{\infty} = \frac{10}{15}$$

$$P[X < 200 | X > 150] = \frac{-\frac{1}{2} + \frac{10}{15}}{\frac{10}{15}} = \frac{5}{20} = \frac{1}{4}$$

Ejemplo 4.10 *La venta de un determinado artículo se ha modelado como una variable aleatoria uniforme (equiprobabilidad) distribuida entre los 200 y los 300 productos al mes. Si los gastos están valoradas en 10.000 € al mes, y el precio del producto es de 100 €: cuál es el beneficio esperado en un mes? qué probabilidad hay de que los beneficios sean de 15.000€?*

Sea X artículos vendidos X U(200,300), por tanto:

$$f_X = \frac{1}{100}$$

$$F_X(x) = \int_{200}^{x} \frac{1}{100}\,dx = \frac{x}{100} - 2$$

Si llamamos d a los gastos y p al precio podemos definir los beneficio con una variable Y: $Y = pX - d$ donde

$$F_Y(y) = P[Y \le y] = P[pX - d \le y] = P[X \le \frac{y+d}{p}] =$$

$$= F_X(\frac{y+d}{p}) = \frac{(y+d)/p}{100} - 2$$

$$f_Y(y) = \frac{dF_Y(y)}{dy} = \frac{1}{100p}$$

Los beneficio oscilarán entre pXmín-d y pXmàx-d, y el beneficio esperado, o beneficio medio será:

$$E\left[Y\right] = \int y \cdot f_Y \cdot dy$$

$$E[Y] = \int_{10^7}^{2 \cdot 10^7} y \frac{1}{100p} dy = \left.\frac{y^2}{200p}\right|_{10^7}^{2 \cdot 10^7} =$$

$$= \frac{4 \cdot 10^{14} - 10^{14}}{2 \cdot 10^7} = \frac{3}{2} \cdot 10^7 = 15{,}000{,}000$$

Considerando que es una variable aleatoria discreta, más cercano a la realidad del problema, tendremos:

$$P[Y = 15{,}000{,}000] = \frac{casos\ favorables}{casos\ posibles} = \frac{1}{101}$$

Una característica importante de una distribución es la *forma* de su función densidad (ya que da una idea del modelo adecuado para estudiar la distribución). Las formas o tipos más usuales de distribución vienen dadas por las gráficas de la figura 4.3.2: La (1) corresponde a una distribución campaniforme y simétrica. La (2) y la (3) son campaniformes asimétricas (por la izquierda o por la derecha). La (4) en forma de J y la (5) en forma de L. Por último, la (6) en forma de U.

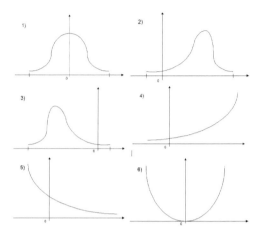

Figura 4.11: Diferentes formas de la función densidad

4.4
**Parámetros de una distribución: Esperanza,
varianza, momentos**

De cualquier variable aleatoria con la función densidad
correspondiente se pueden extraer una serie de
parámetros generales. La primera característica de una
distribución que se puede cuantificar es la llamada
característica de tendencia central o valor central. Si X
es una variable aleatoria discreta con valores
$x_1, x_2, x_3, ... x_n$, y probabilidades correspondientes
$f(x_1), f(x_2), f(x_3), ... f(x_n)$, definimos la esperanza

matemática (o valor esperado), representada por E (x) así:

$$E(x) = \sum_{i=1}^{n} x_i f(x_i) = x_1 f(x_1) + x_2 f(x_2) +$$
$$+ x_3 f(x_3) + \ldots\ldots + x_n f(x_n) \quad (4.14)$$

La esperanza da el valor medio esperado que tomará la variable aleatoria cuando se realice. Es decir, sería el valor obtenido teórico al que tenderíamos si repetimos el experimento muchas veces y calcular la media de todos los resultados.

Si la variable X es discreta pero con infinitos valores la esperanza viene dada por:

$$E(x) = \sum_{i=1}^{\infty} x_i f(x_i) = x_1 f(x_1) + x_2 f(x_2) + \ldots\ldots$$

por tanto, en este caso la esperanza es una serie.

Si X es variable continua que toma todos los valores reales comprendidos entre a y b entonces tendremos:

$$E(x) = \int_{a}^{b} x \cdot f(x) dx$$

Fijémonos como esta última definición se puede considerar como la definición (3.6) pero pasando al límite al pasar de discreta a continua.

Si la X está definida en toda la recta real entonces tenemos:

$$E(x) = \int_{-\infty}^{\infty} x \cdot f(x) dx \qquad (4.15)$$

que es una integral impropia.

Si conocemos la esperanza de una variable X y definimos otra variable Y, que depende de X, podremos calcular la esperanza de esta segunda variable. Si X es una variable aleatoria y $\phi(x)$ una función de X, entonces la esperanza de $\phi(x)$ se define así:

$$E[\phi(x)] = \int_{-\infty}^{\infty} \phi(x) \cdot f(x)dx.$$

Estudiamos con un sencillo caso: Supongamos que somos vendedores de un coche que cuesta 10000 € (nosotros nos cuesta 9000 €), y que en un día podemos vender no ninguno, uno o dos con probabilidades 0.6, 0.3 y 0.1 respectivamente. Calculamos la esperanza de las ganancias diarios.

Definimos X como la variable que nos representa los coches vendidos diarios. La función probabilidad será:

$$P[X = x] = \begin{cases} 0{,}6 & x = 0 \\ 0{,}3 & x = 1 \\ 0{,}1 & x = 2 \end{cases}$$

Definimos Y como la variable aleatoria que nos representará las ganancias diarios. Esta variable es aleatoria pero depende claramente de los coches vendidos X. La relación será: $Y = 1000X$ En un día podemos ganar 0, 1000 ó 2000 € con probabilidades respectivamente 0.6, 0.3, 0.1. Observamos que las probabilidades serán las mismas que X, ya que la probabilidad de ganar 1000 € es igual a la probabilidad

de vender un coche, la de 2000 € igual a la de vender
dos coches, etc. La esperanza será por tanto:

$$E[Y] = 0P[Y = 0] + 1000P[Y = 1000]+$$
$$+ 2000P[Y = 2,000] = 0P[X = 0] + 1000P[X = 1]+$$
$$+ 2000P[X = 2] = 300 + 200 = 500$$

Así la esperanza de Y:

$$E[Y = \phi(x)] = \sum_{\forall y} YP[Y = y] =$$

$$\sum_{\forall y} YP[X = x] = \sum_{\forall x} \phi(x)P[X = x]$$

Así, si $\phi(x) = a + bx$ demostramos que
$E[a + bx] = a + Be(x)$
ya que

$$E[\phi(x)] = \int_{-\infty}^{\infty} (a + bx) \cdot f(x)dx =$$

$$= \int_{-\infty}^{\infty} a \cdot f(x) + b \int_{-\infty}^{\infty} x \cdot f(x)dx =$$

$$= a + b \cdot E[x]$$

Es interesante aplicar la definición anterior a las funciones

$$\phi(x) = x^r \ y \ \phi(x) = (x - \mu)^r$$

. Sus esperanzas

$$E(x^r) y E\left[(x - \mu)^r\right] \ para \ r = 0, 1, 2, ...$$

reciben los nombres de momentos respecto a la origen de orden r los primeros, y momentos centrales los segundos. Algunos de estos momentos son parámetro importantes de las variables aleatorias e incluso tienen nombres propios.
Así:

- momento de orden 0: $\mu_0' = E\left(x^0\right)$

- momento de orden 1: $\mu_1' = E\left(x\right)$

- momento de orden 2: $\mu_2' = E\left(x^2\right)$

- momento central de orden 0:
  $\mu_0 = E\left[(x-\mu)^0\right] = 1$

- momento central de orden 1: $\mu_1 = E\left[(x-\mu)\right] = 0$

- momento central de orden 2:
  $\mu_2 = E\left[(x-\mu)^2\right] = \sigma^2$

Este momento central de orden 2 se puede calcular de la siguiente manera:

$$\mu_2 = E[(x-\mu)^2] = \int_{-\infty}^{\infty}(x-\mu)^2 f(x)dx =$$

$$= \int_{-\infty}^{\infty} x^2 f(x)dx - 2\mu\int_{-\infty}^{\infty} xf(x)dx + \int_{-\infty}^{\infty}\mu^2 f(x)dx =$$

$$= E\left(x^2\right) - 2\mu\mu + \mu^2 = E\left(x^2\right) - \mu^2 = E\left(x^2\right) - E\left(x\right)^2$$

A este valor,. momento central de orden 2 la llamamos
varianza de X y se representa por σ^2. En su raíz
cuadrada, σ se le llama desviación típica. Ambos dan
una idea de la polidispersidad de la variable aleatoria.
Cuando mayor es la varianza más lejanos y *variados*
serán los valores que puede tomar la variable respecto su
media o esperanza. Una varianza pequeña indicará que
los valores son todos muy cercanos de su valor esperado.
En la Figura 4.3.2 vemos las funciones densidad de dos
variables aleatorias. Observamos que ambas son
simétricas respecto el mismo punto. Esto nos indica que
tienen la misma esperanza. En cambio vemos que los
valores de la función discontinua están mucho más
dispersos que los de la función continua. Así diremos que
la función discontinua tiene una varianza mayor que la
sigue. Cuando menor sea la varianza de una variable más
cuidadosamente podremos acotar el resultado, ya que la
probabilidad es muy grande en una zona muy concreta.
Con varianzas elevadas, en cambio, tendremos más
incertidumbre en el experimento.
Definimos ahora una función M(t):

$$M\left(t\right) = E\left[e^{tx}\right] = E\left[1 + tx + \frac{t^2}{2!}x^2 + ...\right] =$$

$$= 1 + t \cdot E\left[x\right] + \frac{t^2}{2!}E\left(x^2\right) + ... + \frac{t^n}{n!}E\left(x^n\right) + ...$$

Si existe M(t) también existeen sus derivades respecto a

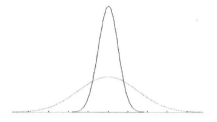

Figura 4.12: Funciones densidad con igual esperanza

t y

$$M'(t) = E[x] + \frac{t}{1!}E\left(x^2\right) + \ldots\ldots + \frac{t^{n-1}}{(n-1)!} + \ldots$$

$$+ M''(t) = E\left(x^2\right) + \frac{t}{1!}E\left(x^3\right) + \frac{t^2}{2!}E\left(x^4\right) + \ldots$$

$$+ M'''(t) = E\left(x^3\right) + \frac{t}{1!}E\left(x^4\right) + \ldots$$

y para $t = 0$ obtenemos:

$$M(0) = 1, \ \ M'(0) = E(x)$$
$$M''(0) = E(x^2), \ \ M'''(0) = E(x^3), \ \ \ldots\ldots$$

y vemos, que la función M(t) tiene la propiedad de generar los diferentes momentos de la variable aleatoria X. Se le llama, por tanto, función generadora de momentos.

Ejemplo 4.11 *Sea*

$$f(x) = \begin{cases} e^{-x} & 0 < x < \infty \\ 0 & x < 0 \end{cases}$$

Calcula μ *i* σ^2

$$M(t) = E\left(e^{tx}\right) = \int_0^\infty e^{tx} e^{-x} dx =$$

$$= \int_0^\infty e^{x(t-1)} dx = \left[\frac{e^{x(t-1)}}{t-1}\right]_0^\infty$$

Esta integral impropia es convergente si $t < 1$, y tenemos:

$$M(t) = -\frac{1}{t-1} = \frac{1}{1-t}$$

$$M'(t) = \frac{1}{(1-t)^2}$$

$$M''(t) = \frac{2}{(1-t)^3}$$

$$M'(0) = 1 = \mu \; y \; M''(0) = 2$$

$$\sigma^2 = E(x^2) - E(x)^2 = 2 - 1 = 1 \rightarrow \sigma^2 = 1$$

Ejemplo 4.12 *Consideremos ahora la variable aleatoria discreta:*

$$f(x) = \begin{cases} \left(\frac{1}{2}\right)^x & para \; x = 1, \; 2, \; ... \\ 0 & resto \; de \; valores \end{cases}$$

Probaremos primero que se trata de una función probabilidad y luego calcular σ^2.

$$\sum_{x=1}^{\infty} \left(\frac{1}{2}\right)^x = \frac{1}{2} + \left(\frac{1}{2}\right)^2 + \ldots\ldots = \frac{\frac{1}{2}}{1 - \frac{1}{2}} = 1$$

por tanto, la suma de les probabilidades es 1.

La funció generadora de momentos es:

$$M(t) = E\left[e^{tx}\right] = \sum_{1}^{\infty} e^{tx} \cdot \left(\frac{1}{2}\right)^x =$$

$$= \sum_{1} \left(\frac{e^t}{2}\right)^x = \frac{e^t}{2} + \left(\frac{e^t}{2}\right)^2 + \left(\frac{e^t}{2}\right)^3 + \ldots\ldots =$$

$$= \frac{\frac{e^t}{2}}{1 - \frac{e^t}{2}} = \frac{e^t}{2 - e^t}$$

$$M'(t) = \frac{e^t(2 - e^t) + e^t e^t}{(2 - 2^t)^2} = \frac{2e^t}{(2 - e^t)^2}$$

$$M'(0) = 2 = \mu$$

$$M''(t) = \frac{2e^t\left(2 - e^t\right)^2 + 2e^t \cdot 2\left(2 - e^t\right)e^t}{(2 - e^t)^4}$$

$$M''(0) = \frac{2 + 4}{1} = 6\sigma^2 = E\left(x^2\right) - E\left(x\right)^2 = 6 - 4 = 2$$

Ejemplo 4.13 *Una Compañía de Seguros asegura con una cantidad C un siniestro con probabilidad p que tenga lugar. La prima que pide es P. Encuentra la esperanza de beneficios de la Compañía.*

En caso de siniestro la compañía de seguros pierde C-P con una probabilidad p, y si no tiene lugar el siniestro la compañía gana P con probabilidad $1 - p$. Por lo tanto:

$E(x) = (1 - p)P - p(C - P) = P - Pp - pC + Pp = P - pC$

Si $P > pC$ el negocio de la compañía es seguro si tiene un gran número de clientes con esta modalidad de seguro. Así, si la prima es

$P = 12,000, p = 0,001$ y $C = 10,000,000$

el beneficio esperado es

$E(x) = 12000 - 0001 \cdot 10000000 = 12000 - 10000 = 2000$

Ejemplo 4.14 *Un laboratorio se dedica a hacer análisis de sangre para detectar una determinada enfermedad. Sea p la probabilidad de que una determinada persona esté sana. Cada día hace n análisis de los mismos. La dirección del laboratorio se plantea si no sería mejor mezclar la sangre de las n personas y analizar esta sangre mezclada. Si el análisis es negativo quedaría probado que las n personas están sanas. La probabilidad de que esto suceda es p^n. En caso de resultado positivo el laboratorio debería hacer $n + 1$ análisis con una probabilidad $1 - p^n$. Estudiamos si vale la pena.*

Si X es la variable aleatoria que indica el número de análisis tenemos:

$$E(X) = 1 \cdot^n + (n + 1) \cdot (1 - p^n) =$$
$$= p^n + n + 1 - n \cdot p^{n\text{'}} - p^n = n + 1 - n \cdot p^n$$

Si no hiciéramos este análisis conjunto, cada día haríamos n análisis. La media del número de análisis ahorrado con el nuevo procedimiento es

$n - (n + 1 - n \cdot p^n) = n \cdot p^n - 1$

El ahorro por persona es:

$$\frac{np^n - 1}{n} = p^n - \frac{1}{n}$$

Como este ahorro debe ser positivo, sino no tiene sentido juntar los análisis, necesitaremos pues que

$p^n > \frac{1}{n} \to p > \frac{1}{\sqrt[n]{n}}$

Recordemos la variación de $sqrt[n]n$. Sabemos por cálculo que:

$\sqrt{2} < \sqrt[3]{3} > \sqrt[4]{4} > \sqrt[5]{5} > \sqrt[6]{6} > \ldots\ldots$

Si $\sqrt[3]{3}$ es el máximo de $\sqrt[n]{n}$ resulta que $\frac{1}{\sqrt[n]{n}}$ presenta un mínimo, $\frac{1}{\sqrt[3]{3}} = 0{,}693$.

Para cualquier valor de n es preciso, como mínimo, que $p > 0{,}693$ Al crecer la n, la p que necesitamos para tener solución al problema es mayor. Así, si $p = 0{,}9$ y con $n = 4$ (que maximiza la función del ahorro) obtenemos que el ahorro por persona es

$p^n - \frac{1}{n} = 0{,}9^4 - \frac{1}{4} = 0{,}406$, es decir, un 41 %..

Ejemplo 4.15 *Construye una variable aleatoria que tenga esperanza igual a 5 y varianza igual a 3.*

Sea la variable aleatoria $P\left[X = 5 + \delta\right] = \frac{1}{2}$ y
$P\left[X = 5 - \delta\right] = \frac{1}{2}$

$$E\left[x\right] = (5 + \delta) \cdot \frac{1}{2} + (5 - \delta) \cdot \frac{1}{2} = \frac{5}{2} + \frac{\delta}{2} + \frac{5}{2} - \frac{\delta}{2} = 5$$

o sea que la esperanza es siempre 5 por cualquier valor de δ.

$$E[x^2] = (5 + \delta)^2 \cdot \frac{1}{2} + (5 - \delta)^2 \cdot \frac{1}{2} =$$
$$= \frac{1}{2} \cdot \left[25 + \delta^2 + 25 + \delta^2\right] = 25 + \delta^2$$

y la varianza,

$$\Sigma^2 = E(x^2) - E(x)^2 = 25 + \delta^2 - 25 = \delta^2 \qquad (4.16)$$

como $\delta^2 = 3 \rightarrow \delta = \sqrt{3}$

La variable aleatoria cumple

$$P\left[x = 5 + \sqrt{3}\right] = \frac{1}{2}$$
$$P\left[x = 5 - \sqrt{3}\right] = \frac{1}{2}$$

La esperanza, $E(x)$, constituye un valor central y nos da una primera indicación de la variable X. Una segunda indicación sobre X la da la varianza $\sigma^2 = E[(x - E(x))^2]$ que permite medir la dispersión de los diferentes valores de x_i alrededor de la esperanza.

Ejemplo 4.16 *Se venden 5000 billetes de lotería a 1€, para el sorteo de un premio de 3000€. ¿Cuál es la ganancia esperada de una persona que compra tres billetes?*

Sea X dinero

$$E(X) = \sum_{i=1}^{2} x_i P[X = x_i] = 3000 \cdot \frac{3}{5000} + 0 \cdot \frac{4997}{5000} =$$

$$= \frac{900}{5} = 1,80$$

$$Ganancia: \quad 1,80 - 3 = -1,20$$

Ejemplo 4.17 *De una estación de cercanías marcha un tren dejando alternativamente 10 y 20 minutos después*

*de la última partida. Sea X la variable aleatoria que
representa el tiempo de espera de un pasajero que llega a
la estación en un momento cualquiera para coger el
primer tren que parte:*
a) Determinar la distribución de la variable X.
*b) Calcular el tiempo medio que deberá esperar el
pasajero.*
*c) Calcular la probabilidad de que haya que esperar
menos de 8 minutos.*
*d) Comparar los resultados con una estación donde las
partidas son cada 15 minutos.*

X tiempo de espera a que llegue el próximo tren
Observando la Figura 4.4 deducimos:

Figura 4.13: esquema de probabilidades de la espera al
tren

$$P(X\ entre\ 10') = \tfrac{1}{3} \quad (suceso\ A)$$
$$P(X\ entre\ 20') = \tfrac{2}{3} \quad (suceso\ B)$$

La llegada del pasajero a la estación se puede dar a
cualquier hora con equiprobabilidad. Por tanto: Si estamos
en el primer caso:

$$P(X \le x|A) = P\left[Esperar\ menos\ de\ x|A\right] =$$
$$= \frac{x}{10},\ x \in [0, 10]$$

$$P(X \leq x|B) = \frac{x}{20}, \ x \in [0, 20]$$

Si estamos en el segundo: En general, según el teorema de la probabilidad total 3.7:

$$P[X \leq x] = P(X \leq x|A)P(A) + P(X \leq x|B)P(B)$$

por tanto

$$F_X(x) = \begin{cases} 0\dfrac{1}{3} + 0\dfrac{2}{3} & x < 0 \\[2mm] \dfrac{x}{10}\dfrac{1}{3} + \dfrac{x}{20}\dfrac{2}{3} = \dfrac{x}{15} & 0 \leq x \leq 10 \\[2mm] 1\dfrac{1}{3} + \dfrac{x}{20}\dfrac{2}{3} = \dfrac{1}{3} + \dfrac{x}{30} & 10 \leq x \leq 20 \\[2mm] 1\dfrac{1}{3} + 1\dfrac{2}{3} = 1 & x > 20 \end{cases}$$

b)

$$f_X(x) = \frac{dF_X}{dx} = \begin{cases} \dfrac{1}{15} & 0 \leq x \leq 10 \\[2mm] \dfrac{1}{30} & 10 \leq x \leq 20 \\[2mm] 0 & x > 20 \end{cases}$$

$$E[X] = \int_{\infty}^{\infty} x f_X(x)dx = \int_0^{10} \frac{x}{15}dx + \int_{10}^{20} \frac{x}{30}dx =$$

$$= \frac{100}{30} + \frac{400 - 100}{60} = 5 + \frac{10}{3} = 8,33'$$

c) $P(X \leq 8) = F_X(8) = \frac{8}{15}$ d) En este caso más sencillo tendremos:

$$P[Y \leq y] = \frac{y}{15} \quad y \quad f_Y(y) = \frac{1}{15} \; para \; 0 \leq y \leq 15$$

$$E[Y] = \int_0^{15} \frac{y}{15} dy = \left. \frac{y^2}{30} \right|_0^{15} = 7{,}5'$$

Ejemplo 4.18 *El tiempo de vida en meses de un cierto tipo de bombillas es una variable aleatoria con función densidad* $f(x) = \dfrac{1}{12} e^{-\frac{x}{12}}$, $\forall x > 0$. *Un vendedor, que gana en un principio 1€ por bombilla, se compromete a: si la bombilla se funde antes del cuarto mes, vuelve al comprador 0.60 €, y si se funde en un instante x entre el cuarto y el sexto mes, le devuelve 180-30x €. (Si se funde más tarde, no devuelve nada). a) Determinar la distribución de ganancia por bombilla. b) Calcular la ganancia medio por bombilla.*

La ganancia en función de cada bombilla es:

$$\begin{cases} si \; X < 4 & \to -0{,}6 \\ si \; 4 < X < 6 & \to 1{,}8 - 0{,}3x \\ si \; X > 6 & \to 0 \end{cases}$$

Si bautizamos las variables:
Y̆ganancia
Xtiempo de vida de una bombilla

$$Y = \begin{cases} 0{,}40 & X < 4 \\ 0{,}30x - 0{,}80 & 4 < X < 6 \\ 1 & X > 6 \end{cases}$$

donde

$$P\left[Y \leq y\right] = \begin{cases} 0 & y < 0,40 \\ P\left[Y < y\right] & 0,40 < y < 1 \\ 1 & y > 1 \end{cases}$$

La probabilidad de ganar menos de 0.40€ es 0, y la de ganar menos que 1 o 1 es 1. La probabilidad del intervalo intermedio lo calcularemos a partir de la función de densidad de X: $Y = 0,30X - 0,80$

$$P[Y \leq y] = P[0,30X - 0,80 \leq y] = P\left[X \leq \frac{y + 0,80}{0,30}\right] =$$

$$\int_0^{\frac{y+0,80}{0,30}} \frac{1}{12} e^{-\frac{x}{12}} \, dx = 1 - e^{-\frac{y+0,80}{3,60}}$$

$$F_Y(y) = \begin{cases} 0 & y < 40 \\ 1 - e^{-\frac{y+0,80}{3,60}} & 40 < y < 100 \\ 1 & y > 100 \end{cases}$$

Para calcular la esperanza de la ganancia necesitamos la función densidad de Y:

$$f_Y(y) = \frac{dF_y}{dy} = \begin{cases} 0 & y \leq 0,40 \\ \frac{1}{3,60} e^{-\frac{0,80+y}{3,60}} & 0,40 \leq y \leq 1,00 \\ 0 & y > 1,00 \end{cases}$$

$$E[Y] = \int_{0,40}^{1,00} \frac{1}{3,6} e^{-\frac{0,80+y}{3,60}} \, y \, dy +$$

$$+ 0,40 P[X < 4] + 1,00 P[X > 6] = -4,60 e^{-\frac{1}{2}} + 4,00 e^{-\frac{1}{3}} +$$

$$+0,40 - 0,40 e^{-\frac{1}{3}} + 1,00 e^{\frac{1}{2}} = 3,60 \left(e^{-\frac{1}{3}} - e^{-\frac{1}{2}} \right) + 0,4 = 0,79$$

------4.5------
Desigualdades de Markov y Chebyshev

Los momentos son parámetros suficientes para acotar ciertas probabilidades, aunque no sepamos qué forma tiene la distribución. Las desigualdades de Markov y Chebyshev, ciertas para cualquier distribución, nos dan indicaciones sobre la probabilidad. Veamoslo.

4.5.1. Desigualdad de Markov

Supongamos una variable aleatoria no negativa X, de la que conocemos su esperanza μ.
Si la variables es continua sabemos que:

$$P[X > \epsilon] = \int_{\epsilon}^{\infty} f_X(x)dx \quad \forall \epsilon > 0$$

y la esperenza de X será

$$E[X] = \int_{0}^{\infty} x f_X(x)dx$$

y al ser X no negativa se cumplirá que

$$E[X] = \int_{0}^{\infty} x f_X(x)dx \geq \int_{\epsilon}^{\infty} x f_X(x)dx$$

y en la última expresión, la x se mueve entre ϵ e infinito. Así pues la $x \geq \epsilon$ detro de esa integral y eso nos permite escribir:

$$E[X] =$$
$$= \int_0^\infty x f_X(x) dx \geq \int_\epsilon^\infty x f_X(x) dx \geq \int_\epsilon^\infty \epsilon f_X(x) dx$$

con lo que llegamos a que

$$E[X] \geq P[X \geq \epsilon]$$

que es la desigualdad de Markov, que normalmente escribimos en la forma

$$P[X \geq \epsilon] \leq \frac{E[X]}{\epsilon} \tag{4.17}$$

Aunque lo hemos hecho para una variable aleatoria continua, llegaríamos análogamente a la misma conclusión para variables aleatorias discretas, con lo que podemos decir que **la desigualdad de markov nos dice que la probabilidad que la variable sea mayor que un cierto valor es menor o igual a su esperanza dividido por ese valor.**

Ejemplo 4.19 *El número de clientes de un bar nocturno tiene media 100. Sin saber nada más, ¿cuál es la probabilidad que una noche vayan más de 200 personas.*

Como no tenemos más datos tenemos que aplicar la desigualdad de Markov. Ajustándolo a nuestros intereses sabemos que:

$$P[X < 200] \leq \frac{100}{200}$$

Así, Markov nos dice que la probabilidad que una noche vayan más de 200 personas es menor que 0.5. Este resultado, es totalmente creíble pero no demasiado útil, porque parece evidente que si la media es 100, la probabilidad que vayan más de 200 sea muy, muy baja, con lo que seguro será menor que 0.5. Pero recordemos que Markov no tiene ninguna información más que la esperanza.

4.5.2. Desigualdad de Chebyshev

Acabamos de ver que la desigualdad de Markov nos da un resultado muy creíble pero nada ajustado. La desigualdad de Chebyshev nos va ayudar a refinar más la probabilidad. Veamos: Partimos de la desigualdad de Markov 4.17

$$P[X > \epsilon] \leq \frac{E[X]}{\epsilon}$$

y eso es cierto para toda variable no negativa. Así, también será cierto para la variable $|X - \mu|^2$

$$P[|X - \mu|^2 > \epsilon] \leq \frac{E[|X - \mu|^2]}{\epsilon}$$

que podemos reescribir

$$P[|X - \mu| > \sqrt{\epsilon}] \leq \frac{E[|X - \mu|^2]}{\epsilon}$$

y recordemos que el numerados de la derecha de la inecuación $|X - \mu|^2$ es la varianza, o σ^2, y como ϵ es un

número positivo podemos decir que es igual a k^2, con lo
que

$$P[|X - \mu| > k] \leq \frac{\sigma^2}{k^2}$$

que es la **desigualdad de Chebyshev, que nos dice
que la probabilidad que una variable aleatoria
obtenga un resultado alrededor de la media, entre
$\mu - k$ y $\mu + k$ (Figura:4.5.2) está acotada y es menor
que la relación entre la varianza y la distancia a la
media al cuadrado.** Nuevamente, sin conocer la forma

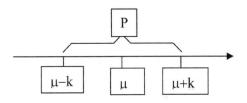

Figura 4.14: Probabilidad alrededor de la media.
Chebyshev.

de la distribución de la variable, una desigualdad nos da
un idea de los valores que puede tomar una variables
aleatoria a partir de sus momentos esperanza y varianza.
Es posible representar la desigualdad de Chebyshev en
otra forma, haciendo $k = t\sigma$:

$$P[|X - \mu| > t\sigma] \leq \frac{1}{t^2}$$

Ejemplo 4.20 *La variable aleatoria X tiene de media $\mu = 8$ y $\sigma^2 = 9$ siendo desconocida la distribución de probabilidad. encuentra:*
a)$P\left[-4 < x < 20\right]$
b) $P\left[|x - 8| \geq 6\right]$

a)

$$P\left[-4 < x < 20\right] = P\left[8 - 4 \cdot 3 < x < 8 + 4 \cdot 3\right] =$$
$$= P\left[|x - 8| < 4 \cdot 3\right] > 1 - \frac{1}{4^2} = \frac{15}{16}$$

b)

$$P\left[|x - 8| \geq 6\right] = P\left[[|x - 8| \geq 2 \cdot 3]\right] < \frac{1}{2^2} = \frac{1}{4}$$

Ejemplo 4.21 *La media y la desviación típica de la duración de unas bombillas de una determinada marca son respectivamente 800 y 50h. ¿Qué se puede decir sobre la probabilidad de que una bombilla dure menos 700h?*

Definimos X como la variable aleatoria que representa la duración de una bombilla. Definimos las áreas de duración en la 4.5.2siguientes: La zona con línea continua (A) será la zona alrededor de la esperanza, expresada matemáticamente como
$\mu - t\sigma < X < \mu + t\sigma$ o $|X - \mu| < t\sigma$, donde μ será 800 y σ será 100. La zona rayada (B), representa la zona lejana a la esperanza, y la representaremos como $|X - \mu| > t\sigma$. El problema nos pide un comentario sobre la $P[X < 700]$. Lo

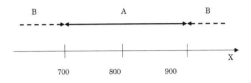

Figura 4.15: Esquema de probabilidades

único que podemos decir, ya que no conocemos la distribución de X, es: $P[X < 700] < P[B]$ Y por Chebyshev pueden decir: $P(B) = P\left[|X - \mu| > t\sigma\right] \leq \frac{1}{t^2}$ y como $t\sigma = 100 \to t = \frac{100}{\sigma} = \frac{100}{50} = 2$ podemos decir que $P(B) \leq \frac{1}{4}$, y por tanto, como la probabilidad de que nos interesa es menor que P (B), afirmaremos que: $P[X < 700] \leq \frac{1}{4}$

Ejemplo 4.22 *Si ahora nos dicen que la distribución de la duración de las bombillas es simétrica con eje en la esperanza, que podemos decir sobre la probabilidad de que una bombilla dure menos 700H?*

Lo único que cambia es que sabemos que la distribución es simétrica con lo cual sabemos que:
$P[X < 700] = P[X > 900]$ y como
$P[X < 700] + P[X > 900] = P(B)$ Podemos afirmar que
$P[X < 700] = \frac{1}{2}P(B) \leq \frac{1}{8}$

Ejemplo 4.23 *El número de personas que solicitan entradas a un teatro se puede modelar con una variable aleatoria de esperanza 1000 y desviación típica 100. ¿Qué*

*número de butacas deberemos instalar si queremos tener
el teatro lleno con una probabilidad superior al 75 %?*

Como de la variable aleatoria sólo conocemos media y
varianza tendremos que aplicar el teorema de Chebyshev.
Digámosle X a la variable que modela el número de
entradas solicitadas y N el número de butacas. Lo que
tenemos que conseguir es que el teatro esté lleno con
probabilidad igual a 0.75, o lo que es lo mismo, que
$P[X \geq N] \geq 0,75$ Como tenemos que aplicar Chebyshev,
dibujamos los puntos claves de este teorema:

Figura 4.16: Esquema de probabilidades Chebysev para
t=1

Podemos imponer que la P(A) sea superior a 0.75.
Sabiendo que la probabilidad de que el número de
solicitudes que está en este intervalo es del 0.75,
aseguramos que $X \geq \mu - t\sigma$ con probabilidad 0.75. Por lo
tanto podemos fijar el número de butacas $N = \mu - t\sigma$.
Por Chebyshev: $P[A] = P[|X - \mu| < t\sigma] \geq 1 - \frac{1}{t^2}$ y como
forzamos que P (A)¿0.75: $1 - \frac{1}{t^2} = 0,75 \rightarrow t = 2$
Por lo tanto, con: $N = \mu - t\sigma = 1000 - 2 \cdot 100 = 800$
Aseguramos que cada día llenaremos con una probabilidad
superior al 75 %.

Ejemplo 4.24 *En qué intervalo alrededor de la media*

left [a, b right] podemos asegurar que la probabilidad de
que X pertenezca a ese intervalo es del 90

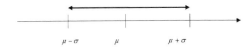

Figura 4.17: Esquema de probabilidades Chebysev para
t=1

Se nos pide que la P (A) sea mayor a 0.9. Por lo tanto:
$P(A) = P[|X - \mu| < t\sigma] \geq 1 - \frac{1}{t^2} = 0,9$ así, $t = \sqrt{10}$ Por
lo tanto, el intervalo con una probabilidad superior al
$90[\mu - \sqrt{10}\sigma, \mu + \sqrt{10}\sigma]$

Ejemplo 4.25 *Un fabricante necesita arandelas con un*
tamaño entre 0.118 y 0.122 cm de espesor, cualquier
espesor fuera de este intervalo es inutilizable. Una
ferretería vende 1000 arandelas por 300 pts. El grueso de
estas arandelas está simétricamente distribuido con una
media de 0.12 cm y una desviación típica de 0.001 cm.
Otra ferretería vende 1.000 arandelas por 260 pts. El
grueso está distribuido con un promedio de 0.12 cm y
una desviación típica de 0.0015 cm. Cuál de las dos
ferreterías tiene una mejor oferta? (Usa el precio por
arandela utilizable como criterio de decisión).

Ferreteria A 1000 *volanderes* → 300 *pts.*

X gruix de las arandelas. Para que sean útiles:

$$P[0{,}118 < X < 0{,}122] = P[|X - 0{,}12| < 0{,}002] =$$
$$= P[|X - \mu| < 0{,}002] \geq 1 - \frac{\sigma^2}{(0{,}002)^2} = 1 - \frac{(0{,}001)^2}{(0{,}002)^2} = \frac{3}{4}$$
$$P[utiles] \geq 0{,}75$$

De las 1000 arandelas aprovecharemos al menos
0.75x1000=750. El precio por arandela máximo será pues:
$\frac{300}{750} = 0{,}4$ pts. Ferreteria B

De las 1000 arandelas aprovecharemos al menos
0.4375x1000 = 437.5. En este caso, el precio por arandela
máximo será: $\frac{260}{437{,}5} = 0{,}59$ pts. Por tanto, la Ferreteria A
da un precio mejor por arandela útil.

Ejemplo 4.26 *Un profesor pide un libro a una famosa
editorial. El número de días que tardará en recibirlo se
puede modelar con una variable aleatoria simétrica de
media 7 y desviación típica 2. Cuando deberá solicitarlo
si el quiere recibir antes del día 22 de Junio con una
probabilidad del 95*

Sea X el número de días que tarda en llegar el libro. Al
ser una variable distribuida simétricamente alrededor de la
media podemos utilizar la figura 4.5.2

Así, para recibirlo antes del día 22 lo tiene que pedir con
16 días de antelación, o sea, el día 6.

4.5.3. Aplicaciones de la desigualdad de Chebyshev

Estudiamos que nos da la desigualdad de Chebyshev para diferentes intervalos. Si t = 1, es decir, la probabilidad de que la variable tome valores en el intervalo $(\mu - \sigma, \mu + \sigma)$. la desigualdad de Chebychev dice

Figura 4.18: Esquema de probabilidades Chebysev para t=1/2

simplemente que $P\left[|x - \mu| \leq \sigma\right] \geq 0$, afirmación que ya figura en los axiomas. Si estudiamos intervalos más pequeños que dos veces la desviación típica nos da la probabilidad es mayor que un número negativo, verdad axiomática. Por ejemplo:

$$P[|X - \mu| \leq \frac{1}{2}\sigma] \geq 1 - \frac{1}{(\frac{1}{2})^2} = -3$$ Así, Chebyshev sólo

será útil para intervalos de anchura superior a dos veces la desviación típica, y dará un resultado tanto más preciso cuanto mayor sea el intervalo. Para $t = 2, 2{,}5, 3, 3{,}5...$ las cotas de Chebychev son 0'75, 0'84, 0'89, 0'92 ...

Figura 4.19: Esquema de probabilidades Chebysev para t=1/2

Figura 4.20: Esquema de probabilidades Chebysev para t=1/2

Capítulo 5

Distribuciones más comunes

Capítulo extraído de Probabilidad. De Lluís Vicent y Ramon Villalbí.

Aunque nos podemos encontrar con un número infinito de distribuciones representando eventos aleatorios, hay un grupo concreto de distribuciones de especial importancia, ya que representan un tipo de eventos que ocurren habitualmente. Entre ellas, y como su propio nombre indica, la más habitual es la normal. No es el objetivo de este libro hacer una amplia recopilación de distribuciones, sino que el lector aprenda las habilidades necesarias para poder trabajar con cualquier tipo de distribución. Así, sólo abordaremos, a modo de ejemplo,

las distribuciones discretas binomial, binomial negativa,
geométrica y Poisson, y las distribuciones continuas
uniforme, normal y exponencial. Asimismo,
aprovecharemos la distribución de Poisson para introducir
brevemente el concepto de proceso estocástico.

---5.1---
Distribución binomial o de Bernoulli

En las distribuciones discretas el número de casos
posibles es numerable, y por tanto, las funciones
probabilidad y distribución son adecuadas para
representarlas. La función densidad, que conceptualmente
se puede considerar como sin sentido, coincide
matemáticamente con la con la función probabilidad.

Una prueba de Bernoulli es un experimento que sólo
tiene dos resultados posibles, llamados habitualmente
éxito o fracaso, como el lanzamiento de una moneda. Si
se realiza una sucesión de n pruebas de Bernoulli
independientes tendremos la llamada distribución de
Bernoulli o distribución binomial.

Estudiamos con detalle el ejemplo siguiente: Lanzamos
un dado (equilibrado) 3 veces y estudiamos la
probabilidad P(X) de obtener 0, 1, 2 ó 3 veces el número
6. Designaremos por E (éxito) la obtención de un 6 en
una prueba y por F (fracaso) la no obtención de un 6 (o
sea, obtener 1, 2, 3, 4 ó 5). El espacio muestral de una

sola prueba es

$$\Omega = EEE, EEF, EFE, FEE, EFF, FEF, FFE, FFF$$

y el espacio muestral compuesto, o sea, con 3 pruebas
seguidas es el de la Figura 5.1,

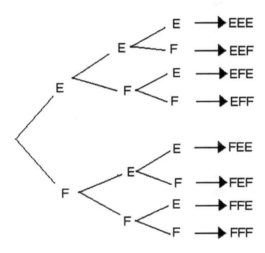

Figura 5.1: Sucesos al tirar una moneda 3 veces

La probabilidad de cada resultado final se obtiene a
partir de la probabilidad compuesta vista en (3.9). así:
La probabilidad de cada resultado final se obtiene a

partir de la probabilidad compuesta. Así:

$$P(EEE) = \frac{1}{6}\frac{1}{6}\frac{1}{6} = \left(\frac{1}{6}\right)^3$$

$$P(EFE) = \frac{1}{6}\frac{5}{6}\frac{1}{6} = \left(\frac{1}{6}\right)^2\frac{5}{6}$$

El problema que se nos pide es estudiar la probabilidad de de obtener 0, 1, 2 y 3 éxitos.

Para X=3, tenemos $P(X = 3) = P\left[(EEE)\right] = \left(\frac{1}{6}\right)^3$

Para X=2, tenemos

$P(X = 2) = P\left[(EEF),(EFE),(FEE)\right] = 3\left(\frac{1}{6}\right)^2\left(\frac{5}{6}\right)$

Ya que tenemos tres casos favorables con probabilidad $\left(\frac{1}{6}\right)^2\left(\frac{5}{6}\right)$ cada uno de ellos.

Si X=1, tenemos $P(X = 1) = 3\left(\frac{1}{6}\right)\left(\frac{5}{6}\right)^2$

Si X=0, tenemos $P(X = 0) = P\left[(FFF)\right] = \left(\frac{5}{6}\right)^3$

Estas probabilidades coinciden con el desarrollo de:

$$\left(\frac{1}{6} + \frac{5}{6}\right)^3 = \left(\frac{1}{6}\right)^3 + 3\left(\frac{1}{6}\right)^2\left(\frac{5}{6}\right) +$$

$$+ 3\left(\frac{1}{6}\right)\left(\frac{5}{6}\right)^2 + \left(\frac{5}{6}\right)^3$$

de aquí el nombre de distribución binomial. Si llamamos p a la probabilidad de éxito y q a la de fracaso podemos escribir que:

$$(p + q)^3 = \binom{3}{3}p^3 + \binom{3}{2}p^2q + \binom{3}{1}pq^2 + \binom{3}{0}q^3$$

donde cada sumando es P(X=3), P(X=2), P(X=1) i P(X=0) respectivamente.

Así, en general, si realizamos n pruebas de Bernoulli (independientes) con $P(E) = p$ y $P(F) = 1 - p = q$ diremos que la probabilidad de x éxitos en estas n pruebas es:

$$P(x) = \begin{pmatrix} n \\ x \end{pmatrix} p^x q^{n-x} \qquad (5.1)$$

Obtenemos x éxitos si resulta una sucesión $EEFEFFFE...$ con x $E's$ y $n - x$ $F's$ con la probabilidad $ppqpqqqp... = p^x q^{n-x}$

Como sucesiones como el anterior tenemos $\begin{pmatrix} n \\ x \end{pmatrix}$ (de los n sucesos deben pasar x $exitos$ $E's$, o sea, el número de combinaciones de n elementos tomados de x en x), al aplicar el teorema de la probabilidad total obtenemos la ecuación 5.1.

Ejemplo 5.1 *Calcula cuál es la probabilidad de sacar 5 caras si lanzamos una moneda 10 veces.*

Como la probabilidad de sacar cara es $\frac{1}{2}$, podemos pensar a priori que la probabilidad de que lanzando una moneda 10 veces obtengamos 5 caras es muy alta. Pero estudiamos esto: La probabilidad de cara en una tirada es $p = 1/2$. La probabilidad de sacar 5 caras en 10 lanzamientos es:

$$\begin{pmatrix} 10 \\ 5 \end{pmatrix} \begin{pmatrix} 1 \\ 2 \end{pmatrix}^5 \begin{pmatrix} 1 \\ 2 \end{pmatrix}^5 = \frac{252}{1024} = 0{,}246$$

Ejemplo 5.2 *Hablábamos en la definición frecuencialista de la probabilidad de que si lanzábamos una moneda $2n$ veces al aire, obtendríamos cara aproximadamente n veces, pero sólo aproximadamente. Calcularemos ahora la probabilidad de obtener exactamente n caras.*
Observaremos que esta probabilidad es mucho más baja cuando n crece, llegando a 0 para n infinito.

La probabilidad de obtener n cares es:

$$P\left(X=n\right) = \binom{2n}{n}\left(\frac{1}{2}\right)^n\left(1-\frac{1}{2}\right)^{2n-n} = \frac{(2n)!}{n!n!}\frac{1}{2^{2n}}$$

Por la aproximación de Stirling sabemos que:

$$n! \approx n^n e^{-n}\sqrt{2\pi n}$$

Por tanto:

$$P\left(X=n\right) = \frac{(2n)!}{n!n!}\frac{1}{2^{2n}} = \frac{(2n)^{2n}e^{-2n}\sqrt{2\pi 2n}}{(n^n e^{-n}\sqrt{2\pi n})^2}\frac{1}{2^{2n}} =$$

$$= \frac{\sqrt{2}}{\sqrt{2\pi n}} = \frac{1}{\sqrt{\pi n}}$$

que cuando n tiende a infinito es 0.

5.1.1. Moda de la distribución binomial

La moda o x más probable a la distribución de Bernoulli La moda de una variable aleatoria es la x del espacio de muestras que tiene una probabilidad más alta. Puede ser más de un punto. Para encontrar la moda en una

variable con distribución binomial, buscaremos una $P(x)$
superior a $P(x+1)$ y $P(x-1)$,

$$\frac{P(x)}{P(x-1)} = \frac{\binom{n}{x} p^x q^{n-x}}{\binom{n}{x-1} p^{x-1} q^{n-x+1}} =$$

$$= \frac{p}{q} \frac{n!(x-1)!(n-x+1)!}{x!(n-x)!n!} = \frac{p}{q} \frac{n-x+1}{x}$$

y por otro lado

$$\frac{P(x+1)}{P(x)} = \frac{\binom{n}{x+1} p^{x+1} q^{n-x-1}}{\binom{n}{x} p^x q^{n-x}} =$$

$$= \frac{p}{q} \frac{n!(x)!(n-x)!}{(x+1)!(n-x-1)!n!} = \frac{p}{q} \frac{n-x}{x+1}$$

Como queremos buscar la moda en x, el primer cociente
queremos que sea mayor o igual a 1, y el segundo menor
o igual que 1. Por tanto,

$$\frac{p}{q} \frac{n-x+1}{x} \geq 1 \rightarrow$$

$$pn - px + p \geq qx \rightarrow pn + p \geq (p+q)x = x$$

y

$$\frac{p}{q} \frac{n-x}{x+1} \leq 1 \rightarrow pn - px \leq qx + q \rightarrow pn - q \leq x$$

es decir, $pn - q \leq x \leq pn + p$ La longitud del intervalo $(pn - q, pn + p)$ que contiene a x es la unidad. Si $np + p = (n + 1)p$ no es entero la x es el entero más próximo, por defecto a $(n + 1)p$. Si $(n + 1)p$ es entero, tendremos dos soluciones del mismo valor en $(n + 1)p$ y en $(n + 1)p - 1 = pn - q$. Podemos decir que la moda será aproximadamente:

$$x \approx np \qquad (5.2)$$

Ejemplo 5.3 *En el caso del lanzamiento de una moneda al aire 10 veces estudiamos cuál es la moda o el valor más probable.*

Intuitivamente diríamos que es 5, aunque la probabilidad de sacar 5 caras es sólo 0.246, pero podemos presumir que otros sucesos serán menos probables. calculamos: La moda estará entre

$$pn - q \leq x \leq pn + p$$
$$\frac{1}{2}10 - \frac{1}{2} \leq x \leq \frac{1}{2}10 + \frac{1}{2} \Rightarrow 4{,}5 \leq x \leq 5{,}5$$

Como habíamos previsto, la moda es 5.

5.1.2. Esperanza y varianza de la distribución binomial

Calculamos ahora los momentos más importantes de una variable aleatoria. Si aplicamos la fórmula discreta de la esperanza tenemos:

$$E[X] = \sum_{x=0}^{n} x P[X = x] = \sum_{x=1}^{n} x \binom{n}{x} p^x q^{n-x} =$$

$$= \sum_{x=1}^{n} x \frac{n!}{x!(n-x)!} p^x q^{n-x} = \sum_{x=1}^{n} \frac{n!}{(x-1)!(n-x)!} p^x q^{n-x} =$$

$$= np \sum_{x=1}^{n} \frac{(n-1)!}{(x-1)!(n-x)!} p^{x-1} q^{n-x} =$$

$$= np \sum_{x=1}^{n} \binom{n-1}{x-1} p^{x-1} q^{n-x}$$

Haciendo el cambio z = x-1 y aplicando el binomio de Newton:

$$E[X] = np \sum_{z=0}^{N-1} \binom{n-1}{z} p^z q^{n-z+1} = np(p+q)^{n-1} = np$$

que es un resultado muy lógico. Si repetimos 10 veces un experimento, "esperaremos" que un suceso con p=1/10, aparezca una vez, y un suceso con p=1/2 "esperaremos" que ocurra 5 veces.

Para calcular la varianza necesitaremos primer conocer $E[X^2]$. Calculando de manera análoga a como lo hemos hecho por $E[X]$ obtendremos:

$$E[X^2] = n^2 p^2 - n p^2 + np$$

y la varianza será

$$\sigma^2 = E\left[X^2\right] - E\left[X\right]^2 = (n^2p^2 - np^2 + np) - (np)^2 =$$
$$= np(1-p) = npq$$

Ejemplo 5.4 *Estudia una quiniela de 15 casillas[1].*
Dibuja una gráfica de la probabilidad de tener x aciertos.
Calcula la probabilidad de ganar algún premio (12, 13,
14 o 15 aciertos) así como la esperanza y la varianza del
número de aciertos.

Suponiendo, por simplificación, que los tres resultados 1,
X, 2 son equiprobables [2], tendremos:

$$P[X=0] = \binom{15}{0} \left(\frac{1}{3}\right)^0 \left(\frac{2}{3}\right)^{15} = 0{,}0023$$

$$P[X=1] = \binom{15}{1} \left(\frac{1}{3}\right)^1 \left(\frac{2}{3}\right)^{14} = 0{,}0171$$

$$P[X=2] = \binom{15}{2} \left(\frac{1}{3}\right)^2 \left(\frac{2}{3}\right)^{13} = 0{,}0599$$

---

[1] La quiniela hasta hace una década era el método de apuestas deportivas más importante en España. Consistía en 15 partidos de fútbol en los que podías elegir 1, X o 2, en función de si gana el equipo de casa, empatan o gana el visitante. Normalmente se cobra cuando se aciertan 12, 13, 14 o 15 resultados

[2] no es cierto, pues en el fútbol hay equipos mejors que otros con lo que no es una variable aleatoria equiprobable

$$P[X = 3] = \binom{15}{3} \left(\frac{1}{3}\right)^3 \left(\frac{2}{3}\right)^{12} = 0{,}1299$$

$$P[X = 4] = \binom{15}{4} \left(\frac{1}{3}\right)^4 \left(\frac{2}{3}\right)^{11} = 0{,}1948$$

$$P[X = 5] = \binom{15}{5} \left(\frac{1}{3}\right)^5 \left(\frac{2}{3}\right)^{10} = 0{,}2143$$

$$P[X = 6] = \binom{15}{6} \left(\frac{1}{3}\right)^6 \left(\frac{2}{3}\right)^9 = 0{,}1786$$

$$P[X = 7] = \binom{15}{7} \left(\frac{1}{3}\right)^7 \left(\frac{2}{3}\right)^8 = 0{,}1148$$

$$P[X = 8] = \binom{15}{8} \left(\frac{1}{3}\right)^8 \left(\frac{2}{3}\right)^7 = 0{,}0574$$

$$P[X = 9] = \binom{15}{9} \left(\frac{1}{3}\right)^9 \left(\frac{2}{3}\right)^6 = 0{,}0223$$

$$P[X = 10] = \binom{15}{10} \left(\frac{1}{3}\right)^{10} \left(\frac{2}{3}\right)^5 = 0{,}0067$$

$$P[X = 11] = \binom{15}{11} \left(\frac{1}{3}\right)^{11} \left(\frac{2}{3}\right)^4 = 0{,}0015$$

$$P[X = 12] = \binom{15}{12} \left(\frac{1}{3}\right)^{12} \left(\frac{2}{3}\right)^{3} = 0,0003$$

$$P[X = 13] = \binom{15}{13} \left(\frac{1}{3}\right)^{13} \left(\frac{2}{3}\right)^{2} = 29 \cdot 10^{-6}$$

$$P[X = 14] = \binom{15}{14} \left(\frac{1}{3}\right)^{14} \left(\frac{2}{3}\right)^{1} = 21 \cdot 10^{-7}$$

$$P[X = 15] = \binom{15}{15} \left(\frac{1}{3}\right)^{15} \left(\frac{2}{3}\right)^{0} = 69 \cdot 10^{-9}$$

Podemos ver gráficamente la función probabilidad en la Figura 5.1.2. Con lo que la probabilidad de ganar es:

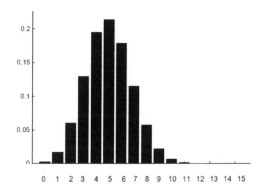

Figura 5.2: Sucesos al tirar una moneda 3 veces

$$P[ganar] = P[12, 13, 14, 15] = 0{,}0003 + 29 \cdot 10^{-6} +$$
$$+ 21 \cdot 10^{-7} + 69 \cdot 10^{-9} = 0{,}0003$$

es decir, rellenando una quiniela arbitrariamente, tenemos únicamente 3 casos entre 10.000 de ganar algo. Calculemos la esperanza y la varianza:

$$E = np = 15\frac{1}{3} = 5$$

$$\sigma^2 = npq = 15\frac{1}{3}\frac{2}{3} = 3{,}33 \;\rightarrow\; \sigma = 1{,}8$$

En la gráfica vemos que la moda es 5, coincidiendo con la esperanza. La forma es aproximadamente simétrica con centro en torno a este valor.

Así, vemos que una binomial se distribuye de forma simétrica con respecto a su valor medio. Como veremos más adelante, esta distribución tiene su análoga en forma continua con la distribución normal.

Ejemplo 5.5 *Queremos poner un examen test de 10 preguntas con tres respuestas posibles y sólo una correcta. Queremos ser lo más justos posibles de manera que una persona que no sabe ninguna pregunta y contesta al azar debería sacar un cero. ¿Como diseñaremos la puntuación?*

Pensamos el caso de que una persona no sabe ninguna respuesta y contesta todas al azar. El valor esperado de su nota será la esperanza de una variable binomial con 10 experimentos y probabilidad de éxito igual a $p = 1/3$.

La esperanza será $np = 10\frac{1}{3} = 3{,}33$.

Así, la esperanza nos dice que por azar acertará 3.33 preguntas y fallará 6.66. Si cada pregunta correcta suma 1 punto, la nota que obtendría por azar es 3.33. Se deben restar estos 3.33 puntos de las preguntas falladas. Así, como tendremos 6.66 preguntas falladas de media habrá que restar 3.33 / 6.66 por contestación errónea.

Así, por cada respuesta contestada correctamente sumaremos 1 punto, por pregunta en blanco 0 y por cada respuesta incorrecta restaremos 0.5 puntos.

De este modo la esperanza de la nota que obtendría una persona que contesta al azar sería $3,33 - 6,660,5 = 0$

Ejemplo 5.6 *Una línea aérea vende 200 billetes para un vuelo de avión que tiene 198 asientos, en el que, de media, el 1 % de los clientes no se presenta a la salida. Encuentra la probabilidad de que todos los que se presentan a la hora de la salida tengan asiento*

Podemos plantear el problema como la repetición de un experimento 200 veces, donde en cada experimento evaluamos la probabilidad de que el cliente llegue tarde (0.01). La probabilidad de que se sienten todos será la probabilidad de que fallan al menos dos personas. Sea X el número de personas que fallan, P = 0.01 la probabilidad de que una persona llegue tarde y la probabilidad de que fallan al menos dos personas lo podemos expresar matemáticamente como:

$$P[se\ sienten\ todos] = P[X > 1] = 1 - P[X < 0] - P[X < 1]$$

$$P[X = 0] = \binom{200}{0} (0{,}01)^0 (0{,}99)^{200-0} = 0{,}134$$

$$P[X = 1] = \binom{200}{1} (0{,}01)^1 (0{,}99)^{200-1} = 0{,}2707$$

Con lo que

$$P[\textit{se sienten todos}] = P[X > 1] = 0{,}59$$

Aplicación de la esperanza matemática a los juegos de azar La esperanza matemática de un jugador es el producto de la probabilidad de ganar por la ganancia que la realización del suceso comporte. Un juego lo consideramos "limpio."° "noble"si las esperanzas matemáticas de los jugadores son iguales.

Ejemplo: Un jugador A tira una moneda hasta obtener cara. Si sale a la primera tirada B recibirá 100€, si sale en la segunda $100\frac{3}{2} = 150$, y así sucesivamente multiplicando por 3/2 cada nueva tirada. ¿Cuál debe ser la cantidad entregada por B antes de empezar el juego?

La probabilidad de ganar en la primera tirada es $1/2$, la de ganar en la segunda es $1/2^2$, la tercera es $1/2^3$.... y la esperanza es:

$$E = 100\frac{1}{2} + 100\frac{3}{2}\frac{1}{2^2} + 100\left(\frac{3}{2}\right)^2\frac{1}{2^3} + \dots$$

que es una serie geométrica de razón $r = \frac{3}{2}\frac{1}{2} = \frac{3}{4}$, o sea

$$E = \frac{100\frac{1}{2} - 0}{1 - \frac{3}{4}} = 100 \cdot 2 = 200$$

---5.2---
Distribución uniforme

Recordemos que hablaremos de una distribución continua cuando cualquier valor real dentro de un intervalo puede suceder. La función probabilidad no es apropiada para definir estas distribuciones ya que la probabilidad de cualquier valor concreto es 0. La función que mejor representará una variable continua es la función densidad, que da una idea de qué zonas de valores son más probables, y nos permite calcular la probabilidad de un intervalo de valores.

Supongamos que una variable aleatoria viene definida por la función densidad siguiente:

$$f(x) = \begin{cases} 0 & x < a \\ \dfrac{1}{b-a} & a < X < b \\ 0 & x > a \end{cases} \qquad (5.3)$$

En este caso los valores de la variable se encuentran distribuidos igualmente sobre el intervalo (a,b) y diremos que la variable está distribuida uniformemente. Es el caso de equiprobabilidad. Cualquier valor (o mejor subintervalo de valores) de este intervalo (a,b) tiene las mismas probabilidades de suceder.

La función distribución es:

$$F_X(x) = P[X \leq x] = \int_a^b \frac{1}{b-a} dx = \begin{cases} 0 & x < a \\ \dfrac{x-a}{b-a} & a < X < b \\ 0 & x > a \end{cases}$$

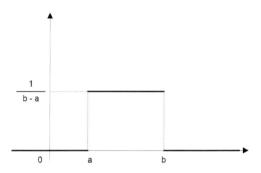

Figura 5.3: Función densidad de la distribución uniforme

Y su esperanza y varianza

$$E[X] = \int_a^b x\frac{1}{b-a}dx = \frac{1}{b-a}\left[\frac{x^2}{2}\right]_a^b = \frac{b+a}{2}$$

$$\sigma^2 = E[X^2] - E[X]^2 = \int_a^b x^2\frac{1}{b-a}dx - \left(\frac{b+a}{2}\right)^2 =$$

$$= \frac{x^3}{3(b-a)}\bigg|_a^b - \left(\frac{b+a}{2}\right)^2 = \frac{(b-a)^2}{12}$$

De este resultado podemos extraer que cuando más pequeño es el intervalo, menor es su varianza.

Ejemplo 5.7 *Se elige al azar un número real entre 0 y 10. Todos los números son equiprobables. Calcula la probabilidad de que el número esté entre 5 y 6.*

La función de densidad en este caso es:

$$f_X(x) = \left\{ \begin{array}{ll} \dfrac{1}{10} & 0 < x < 10 \\ 0 & otros\,valores \end{array} \right.$$

y la probabilidad será:

$$P = \int_5^6 \frac{1}{10} dx = 0,1$$

Utilizando la definición clásica de la probabilidad (en este caso podemos hacerlo ya que todos los sucesos son equiprobables), obtendríamos el mismo resultado, si bien, debemos tener unas consideraciones especiales. La probabilidad (en sentido clásico) resulta de dividir los casos favorables entre los casos posibles. En cualquier función continua, si calculamos la probabilidad de un intervalo, los casos favorables y los posibles son infinitos. Tenemos por tanto una indeterminación. En funciones continuas uniformes, la probabilidad se obtendrá dividiendo la longitud de los intervalos:

$$P = [X \in [5,6]] = \frac{intervalo\ casos\ favorables}{intervalo\ casos\ posibles} = \frac{6-5}{10-0} = 0,1$$

Ejemplo 5.8 *La arista de un cubo x se mide aproximadamente y se verifica que $a \leq x \leq b$. Si la arista del cubo está distribuida uniformemente en el intervalo (a,b) encuentra la esperanza del volumen del cubo.*

$$E[X^3] = \int_a^b x^3 f(x)dx = \frac{1}{b-a} \int_a^b x^3 dx = \frac{1}{b-a} \left. \frac{x^4}{4} \right|_a^b =$$

$$= \frac{b^4 - a^4}{4(b-a)} = \frac{(b^2 + a^2)(b+a)}{4}$$

5.3
Distribución normal o Gaussiana

Han sido muchos los matemáticos que han intentado aproximar la probabilidad de la distribución binomial a una expresión más sencilla. Poisson, lo intentó, De Moivre ya había descubierto antes una aproximación en forma de función continua por esta distribución, que fue generalizada en 1812 por el marqués de Laplace, en forma del Teorema de De Moivre-Laplace.

5.3.1. Teorema de Moivre-Laplace

Si X es una variable aleatoria binomial con parámetros n y $p = 1/2$, se cumple:

$$\lim_{n \to \infty} P\left[a < \frac{X - np}{\sqrt{npq}} < b\right] = \frac{1}{\sqrt{2\pi}} \int_a^b e^{-\frac{t_2}{2}} dt$$

Obsérvese que np es la esperanza y npq la varianza en distribuciones binomiales. Esta aproximación funciona bien para valores de varianza superiores a 10. Si

escribimos la expresión anterior en forma de función
distribución obtenemos:

$$\lim_{n \to \infty} P\left[\frac{X - np}{\sqrt{npq}} < b\right] = \frac{1}{\sqrt{2\pi}} \int_{-\infty}^{b} e^{-\frac{x^2}{2}} \, dx$$

que sin dar el paso al límite también se cumplirá para
valores de n mayores.

A partir de esta aproximación, toma identidad propia una
nueva función distribución continua, la variable aleatoria
normal estándar:

$$\lim_{n \to \infty} P\left[X < b\right] = \frac{1}{\sqrt{2\pi}} \int_{-\infty}^{b} e^{-\frac{x^2}{2}} \, dx$$

que es una función de distribución $F_X(b) = P[X < b]$. Y
por lo tanto, derivando, obtendríamos la funcion
densidad:

$$f_X(x) = \frac{1}{\sqrt{2\pi}} e^{-\frac{x^2}{2}} \, dx$$

Esta definición la llamamos estándar porque se ha
realizado fijando la esperanza a 0 $(np = 0)$ y la varianza
a 1 $(npq = 1)$.

Demostramos que la nueva definición es una función
densidad. Para ello, la integral desde $-\infty$ a ∞ debe ser
1, según la igualdad 4.12. Así se deberá cumplir que

$$\int_{-\infty}^{\infty} \frac{1}{\sqrt{2\pi}} e^{-\frac{x^2}{2}} \, dx = 1$$

Resolver esa integral no es sencillo, y lo haremos con el artificio que describimos ahora. Al resultado de la integral le llamaremos I. Así:

$$I = \int_{-\infty}^{\infty} \frac{1}{\sqrt{2\pi}} e^{-\frac{x^2}{2}} \, dx$$

y lo elevaremos al cuadrado

$$I^2 = \int_{-\infty}^{\infty} \frac{1}{\sqrt{2\pi}} e^{-\frac{x^2}{2}} \, dx \int_{-\infty}^{\infty} \frac{1}{\sqrt{2\pi}} e^{-\frac{y^2}{2}} \, dy =$$

$$= \frac{1}{2\pi} \int_{-\infty}^{\infty} \int_{-\infty}^{\infty} e^{-\frac{x^2+y^2}{2}} \, dx dy$$

Ahora haremos un cambio a coordenadas polares:

$$(x, y) \to (\rho, \varphi) \quad \begin{array}{l} x = \rho cos(\varphi) \\ y = \rho sin(\varphi) \end{array}$$

Y los límites cambiarán de la siguiente manera:

$$x \in (-\infty, \infty) \quad y \in (-\infty, \infty)$$
$$\downarrow$$
$$\rho(0, \infty) \quad \varphi \in (0, 2\pi)$$

y como $\rho^2 = x^2 + y^2$, y el jacobiano es:

$$\begin{vmatrix} \dfrac{\partial x}{\partial \rho} & \dfrac{\partial x}{\partial \varphi} \\ \dfrac{\partial y}{\partial \rho} & \dfrac{\partial y}{\partial \varphi} \end{vmatrix} = \begin{vmatrix} cos(\varphi) & \rho sin(\varphi) \\ sin(\varphi) & \rho cos(\varphi) \end{vmatrix} = \rho$$

La integral aplicando el cambio de coordenadas es:

$$I^2 = \frac{1}{2\pi} \int_{-\infty}^{\infty} \int_{-\infty}^{\infty} e^{-\frac{x^2+y^2}{2}} dx dy =$$

$$= \frac{1}{2\pi} \int_{0}^{2\pi} \int_{-\infty}^{\infty} e^{-\frac{\rho^2}{2}} \rho d\rho d\varphi =$$

$$= \frac{1}{2\pi} \int_{0}^{2\pi} -e^{-\frac{\rho^2}{2}} \Big|_{0}^{\infty} d\varphi = \frac{1}{2\pi} \varphi\big|_{0}^{2\pi} = 1$$

con lo que concluimos que I=1 y por tanto se cumple la
condición de toda función densidad (ecuación 4.12)
La distribución normal es seguramente la más importante
de todas las distribuciones discretas o continuas. Su
nombre ya nos da una idea del número de experimentos
distribuidos de esta forma. Es la distribución más normal.
Se trata de una variable aleatoria continua que se
presenta si el experimento depende de un elevado
número de causas, por lo que sus efectos se suman y que
ninguna de estas causas se puede decir que es
preponderante sobre las demás. Afirmar que se verifican
estas condiciones implica decir que se verifican las
condiciones de Borel.
Son muchas las variables aleatorias físicas que se
distribuyen en forma de campana con ordenadas mayores
en el centro y ordenadas más pequeñas en los dos
extremos de la variable, por lo que, estas ordenadas
tienden hacia 0 a medida que los extremos se alejan del
centro. Digamos pues, que la distribución normal es una

aproximación magnífica para una gran cantidad de
distribuciones.

5.3.2. La distribución normal

La variable X sigue una distribución normal si su función
densidad es:

$$f(x) = \frac{1}{\sqrt{2\pi}\sigma} e^{-\frac{(x-\mu)^2}{2\sigma^2}} \qquad (5.4)$$

donde μ es la esperanza de la variable y σ su desviación
típica. Se puede intuir que esta es una generalización de
la ecuación (5.3.1).

La variable aleatoria X se designa con el símbolo
$N(\mu, \sigma)$.

Esta fórmula no es integrable con papel y lápiz, y no será
fácil por lo tanto trabajar con ella. Para facilitar los
cálculos, históricamente se ha trabajado con tablas de
valores de la función distribución normal estándar N(0,1)
(de media 0 y varianza 1). Para operar con cualquier
distribución normal se requiere realizar un cambio de
variable para convertir la variable en cuestión en una
variable normal N(0,1). Este cambio se le llama
tipificación. El cambio consiste en poner el origen a μ y
las unidades en términos de σ:

$$Z = \frac{X - \mu}{\sigma} \qquad (5.5)$$

Comprobemos rápidamente que este cambio nos da una

variable Z N(0,1):

$$E[Z] = E\left[\frac{X - \mu}{\sigma}\right] = \frac{1}{\sigma}E[X - \mu] = 0$$

$$\sigma^2 = E[(Z - E[Z])^2] = E\left[\frac{X - \mu}{\sigma} - 0\right]^2 =$$
$$= \frac{1}{\sigma^2}E[X - \mu]^2 = \frac{\sigma^2}{\sigma^2} = 1$$

5.3.2.1. Propiedades de una normal

La distribución normal, o gaussiana, tiene forma de campana de Gauss, donde el valor más probable es la esperanza, las densidades de probabilidad van bajando a medida que se alejan de la esperanza, como se ve en la Figura 5.3.2.1. Una variable aleatoria de distribución normal, presenta las siguiente propiedades:

- $f_X(x) \leq 0$ de $-\infty$ a ∞.

- El máximo de $f_X(x)$ está $x = \mu$.

- La curva es simétrica respecto $x = \mu$.

- Los puntos de inflexión de la curva se encuentran en las abscisas $\mu - \sigma$ y $\mu + \sigma$.

- El eje de abscisas es una asíntota horizontal

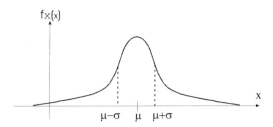

Figura 5.4: Función de densidad de una distribución normal

La normal tipificada $N(0,1)$, por su simetría cumple que:

$$F_X(-x) = 1 - F_X(x) \quad para \ x > 0 \qquad (5.6)$$

lo que puede entenderse de las figuras 5.3.2.1 5.3.2.1

5.3.2.2. Uso de las tablas de la normal

Si X es una variable N (0,1) tenemos:

$$P[a < X < b] = \frac{1}{\sqrt{2\pi}} \int_a^b e^{-\frac{x^2}{2}} dx \qquad (5.7)$$

integral donde no podemos aplicar el teorema fundamental del cálculo, ya que no podemos encontrar una primitiva de $e^{-\frac{x^2}{2}}$. Por esto, esta integral se hace bien por computador (lo normal hoy en día) o mediante unas tablas de la normal que nos dan valores de la

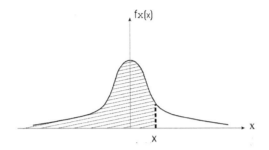

Figura 5.5: Función de distribución normal x¿0

función distribución de la normal. Explicaremos aquí, por tradición, el uso de las tablas de la normal (Figura5.3.2.2). Para ello, habrá que hacer el cambio de variable que hemos llamado tipificación, en la ecuación 5.3.2. El proceso será el siguiente:

$$X \sim N(\mu, \sigma)$$
$$P[a < X < b] = F_X(b) - F_X(a)$$
$$Z \sim N(0, 1)$$
$$Z = \frac{X - \mu}{\sigma}$$
$$P[a < X < b] = P\left[\frac{a - \mu}{\sigma} < Z < \frac{b - \mu}{\sigma}\right] =$$
$$= F_Z\left(\frac{b - \mu}{\sigma}\right) - F_Z\left(\frac{a - \mu}{\sigma}\right)$$

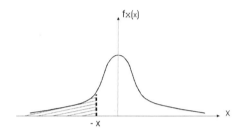

Figura 5.6: Función de distribución normal x¡0

Y los valores de la $F_>(z)$ son los que se encuentran en las tablas de la normal
Hay algunas probabilidades que conviene saber de memoria:

$$P[-\sigma < X < \sigma] \quad = P[-1 < Z < 1] = 0{,}6826$$
$$P[-2\sigma < X < 2\sigma] = P[-2 < Z < 2] = 0{,}9544$$
$$P[-3\sigma < X < 3\sigma] = P[-3 < Z < 3] = 0{,}9974$$

Así, la probabilidad de que la variable tome un valor entre $\mu - \sigma$ y $\mu + \sigma$, es aproximadamente 2/3, la probabilidad que tome un valor entre $\mu - 2\sigma$ y $\mu + \sigma$ es aproximadamente el 95 % y entre $\mu - 3\sigma$ y $\mu + \sigma$ es practicamente 1. Por tanto, no suele tener sentido plantearse probabilidades de casos alejados de la media o esperanza más de 3 desviaciones típicas.
Vamos a ver unos ejemplos utilizando las tablas de la normal, pero recordemos que los valores de la

probabilidad hoy en día suelen ser calculados por
ordenador de forma directa.

Ejemplo 5.9 *Supongamos una variable aleatoria X con
distribución N (3,2). Encontrar el valor a que haga que
$P[X > a] = 2P[X \leq a]$.*

Tipificamos la variable X:

$$Z = \frac{X - \mu}{\sigma}$$

$$P[X > a] = P\left[\frac{X-3}{2} > \frac{a-3}{2}\right] = 1 - F_Z\left[\frac{a-3}{2}\right]$$

y

$$P[X \leq a] = F_Z\left[\frac{a-3}{2}\right]$$

Así, el enunciado nos pide que:

$$1 - F_Z\left[\frac{a-3}{2}\right] = 2F_Z\left[\frac{a-3}{2}\right] \rightarrow F_Z\left[\frac{a-3}{2}\right] = \frac{1}{3}$$

Así. hay que buscar las tablas el valor de Z tal que su
distribución valga 1/3. Como la tabla empieza en el 0.5 es
obvio que el valor de Z será negativo.

$$F(-z) = 1 - F(z) \rightarrow 0{,}333 = 1 - F(z) \rightarrow F(z) = 0{,}666$$

Y la z que cumple esa distribución es 0.43, con lo que el
valor de z que cumple el enunciado es -0.43, que
deshaciendo la tipificación (5.3.2)

$$X = \sigma Z + \mu = 2Z + 3 = 2 \cdot 0{,}43 + 3 = 2{,}14$$

5.4
Distribución exponencial

Es la distribución que tiene una variable X si la función densidad es:

$$f(x) = \beta e^{-\beta x}, \ x, \beta > 0 \tag{5.8}$$

Comprobemos que es una función densidad demostrando que cumple la igualdad 4.12

$$\int_0^\infty \beta e^{-\beta x} dx = -\left. e^{-\beta x} \right|_0^\infty = 1$$

Esta distribución se utiliza para la distribución del tiempo de espera hasta que se verifica un suceso y al estudio del tiempo de espera para la verificación de dos sucesos consecutivos.

Es fácil deducir, tanto la esperanza como la varianza de la distribución exponencial:

$$E[X] = \int_0^\infty x\beta e^{-\beta x} dx = \frac{1}{\beta}$$

$$\sigma^2 = E[X^2 - E[X]^2] = \frac{1}{\beta^2} \rightarrow \sigma = \frac{1}{\beta}$$

Vemos que la esperanza y la desviación típica coinciden. Una de las propiedades más destacadas de la distribución exponencial es la propiedad de *no tener memoria*. La probabilidad de que un suceso se verifique después de $x + h$ tiempo si sabemos que ya lleva sobreviviendo x es igual a la probabilidad de que sobreviva el período h, lo cual es fácilmente demostrable:

$$P[X > x + h | X > x] = \frac{P[X > x + h]}{P[X > x]} =$$

$$= \frac{e^{-\beta(x+h)}}{e^{-\beta x}} = e^{-\beta h} = P[X > h]$$

Ejemplo 5.10 *Si X tiene una distribución exponencial con parámetro α. Calcula la probabilidad de que X sobrepase el valor esperado $1/\alpha$*

$$P\left[X > \frac{1}{\alpha}\right] = e^{-\alpha \frac{1}{\alpha}} = e^{-1}$$

Ejemplo 5.11 *Un profesor cae enfermo dos veces por año de media. ¿Cuál es la probabilidad de que no caiga enfermo en los dos años siguientes a partir de la última enfermedad?*

$$P[X > 2] = e^{-2 \cdot 2} = e^{-4}$$

Ejemplo 5.12 *El tiempo de vida de un microondas (en años) es una variable aleatoria exponencial con media 7 años. Si nos compramos un microondas hace 7 años, ¿cuál es la probabilidad de que nos dure 7 años más?*

$$F(x) = \int_0^\infty \frac{1}{7} e^{-\frac{x}{7}} dx = \left. -e^{-\frac{1}{7}x} \right|_0^x = 1 - e^{-\frac{1}{7}x}$$

$$P[X > 14 | X > 7] = \frac{P[X > 14 \cap X > 7]}{P[X > 7]} = \frac{P[X > 14]}{P[X > 7]} =$$

$$= \frac{1 - F(14)}{1 - F(7)} = \frac{e^{-2}}{e^{-1}} = e^{-1} = 1 - F[7] = P[X > 7]$$

FUNCIÓN DE DISTRIBUCIÓN NORMAL N(0,1)

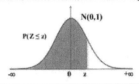

z	0,00	0,01	0,02	0,03	0,04	0,05	0,06	0,07	0,08	0,09
0,0	0,5000	0,5040	0,5080	0,5120	0,5160	0,5199	0,5239	0,5279	0,5319	0,5359
0,1	0,5398	0,5438	0,5478	0,5517	0,5557	0,5596	0,5636	0,5675	0,5714	0,5753
0,2	0,5793	0,5832	0,5871	0,5910	0,5948	0,5987	0,6026	0,6064	0,6103	0,6141
0,3	0,6179	0,6217	0,6255	0,6293	0,6331	0,6368	0,6406	0,6443	0,6480	0,6517
0,4	0,6554	0,6591	0,6628	0,6664	0,6700	0,6736	0,6772	0,6808	0,6844	0,6879
0,5	0,6915	0,6950	0,6985	0,7019	0,7054	0,7088	0,7123	0,7157	0,7190	0,7224
0,6	0,7257	0,7291	0,7324	0,7357	0,7389	0,7422	0,7454	0,7486	0,7517	0,7549
0,7	0,7580	0,7611	0,7642	0,7673	0,7704	0,7734	0,7764	0,7794	0,7823	0,7852
0,8	0,7881	0,7910	0,7939	0,7967	0,7995	0,8023	0,8051	0,8078	0,8106	0,8133
0,9	0,8159	0,8186	0,8212	0,8238	0,8264	0,8289	0,8315	0,8340	0,8365	0,8389
1,0	0,8413	0,8438	0,8461	0,8485	0,8508	0,8531	0,8554	0,8577	0,8599	0,8621
1,1	0,8643	0,8665	0,8686	0,8708	0,8729	0,8749	0,8770	0,8790	0,8810	0,8830
1,2	0,8849	0,8869	0,8888	0,8907	0,8925	0,8944	0,8962	0,8980	0,8997	0,9015
1,3	0,9032	0,9049	0,9066	0,9082	0,9099	0,9115	0,9131	0,9147	0,9162	0,9177
1,4	0,9192	0,9207	0,9222	0,9236	0,9251	0,9265	0,9279	0,9292	0,9306	0,9319
1,5	0,9332	0,9345	0,9357	0,9370	0,9382	0,9394	0,9406	0,9418	0,9429	0,9441
1,6	0,9452	0,9463	0,9474	0,9484	0,9495	0,9505	0,9515	0,9525	0,9535	0,9545
1,7	0,9554	0,9564	0,9573	0,9582	0,9591	0,9599	0,9608	0,9616	0,9625	0,9633
1,8	0,9641	0,9649	0,9656	0,9664	0,9671	0,9678	0,9686	0,9693	0,9699	0,9706
1,9	0,9713	0,9719	0,9726	0,9732	0,9738	0,9744	0,9750	0,9756	0,9761	0,9767
2,0	0,9772	0,9778	0,9783	0,9788	0,9793	0,9798	0,9803	0,9808	0,9812	0,9817
2,1	0,9821	0,9826	0,9830	0,9834	0,9838	0,9842	0,9846	0,9850	0,9854	0,9857
2,2	0,9861	0,9864	0,9868	0,9871	0,9875	0,9878	0,9881	0,9884	0,9887	0,9890
2,3	0,9893	0,9896	0,9898	0,9901	0,9904	0,9906	0,9909	0,9911	0,9913	0,9916
2,4	0,9918	0,9920	0,9922	0,9925	0,9927	0,9929	0,9931	0,9932	0,9934	0,9936
2,5	0,9938	0,9940	0,9941	0,9943	0,9945	0,9946	0,9948	0,9949	0,9951	0,9952
2,6	0,9953	0,9955	0,9956	0,9957	0,9959	0,9960	0,9961	0,9962	0,9963	0,9964
2,7	0,99653	0,99664	0,99674	0,99683	0,99693	0,99702	0,99711	0,99720	0,99728	0,99736
2,8	0,99744	0,99752	0,99760	0,99767	0,99774	0,99781	0,99788	0,99795	0,99801	0,99807
2,9	0,99813	0,99819	0,99825	0,99831	0,99836	0,99841	0,99846	0,99851	0,99856	0,99861
3,0	0,99865	0,99869	0,99874	0,99878	0,99882	0,99886	0,99889	0,99893	0,99896	0,99900
3,1	0,99903	0,99906	0,99910	0,99913	0,99916	0,99918	0,99921	0,99924	0,99926	0,99929
3,2	0,99931	0,99934	0,99936	0,99938	0,99940	0,99942	0,99944	0,99946	0,99948	0,99950
3,3	0,99952	0,99953	0,99955	0,99957	0,99958	0,99960	0,99961	0,99962	0,99964	0,99965
3,4	0,99966	0,99968	0,99969	0,99970	0,99971	0,99972	0,99973	0,99974	0,99975	0,99976
3,5	0,99977	0,99978	0,99978	0,99979	0,99980	0,99981	0,99981	0,99982	0,99983	0,99983
3,6	0,99984	0,99985	0,99985	0,99986	0,99986	0,99987	0,99987	0,99988	0,99988	0,99989
3,7	0,99989	0,99990	0,99990	0,99990	0,99991	0,99991	0,99992	0,99992	0,99992	0,99992
3,8	0,99993	0,99993	0,99993	0,99994	0,99994	0,99994	0,99994	0,99995	0,99995	0,99995
3,9	0,99995	0,99995	0,99996	0,99996	0,99996	0,99996	0,99996	0,99996	0,99997	0,99997
4,0	0,99997	0,99997	0,99997	0,99997	0,99997	0,99997	0,99998	0,99998	0,99998	0,99998

Figura 5.7: Tabla de la normal N(0,1)

Capítulo 6

Distribuciones Bivariantes

Capítulo extraído de Probabilidad. De Lluís Vicent y Ramon Villalbí.

En muchos experimentos es importante considerar más de una característica, más de una variable aleatoria.
Por ejemplo, en un conjunto de organismos vivos nos puede interesar la longitud de cada uno de ellos, el peso, la longitud de una determinada extremidad, etc.
Llamaremos distribución bivariante a la distribución de probabilidad conjunta de dos variables aleatorias.
También se puede definir como la distribución de probabilidad de una sola variable aleatoria vectorial pero bidimensional.

Así el vector $\vec{X} = (X, Y)$ está compuesto de las dos
variables aleatorias X e Y.

El trabajo con variables aleatorias de más de dos
variables es totalmente análogo. Todas las propiedades se
pueden generalizar a más de dos dimensiones.

6.1
Funciones de las variables aleatorias bivariantes

6.1.1. Función probabilidad

Si cada una de las componentes de $\vec{X}$, o sea X e Y, tiene
una distribución discreta con un número finito o infinito
de valores, diremos que X tiene una **distribución
discreta conjunta**. En este caso la función de
probabilidad conjunta de X e Y se define como la función
$f_{XY}(x, y)$, por lo que para todo punto (x, y) del plano
XY:

$$f_{XY}(x, y) = P[X = x, Y = y], \quad (x, y) \in \Re \qquad (6.1)$$

Y para cualquier subconjunto A del plano XY:

$$P[(X, Y) \in A] = \sum_{(x_i, y_i) \in A} f(x_i, y_i)$$

y, por supuesto la ecuación (4.12) se cumplirá también
de la siguiente manera:

$$P[(X, Y) \in A] = \sum_{i=1}^{\infty} f(x_i, y_i)$$

Por otro lado, diremos que tiene una distribución
continua si existe una función continua, no negativa,
definida en el plano XY tal que:

$$P[(X, Y) \in A] = \int \int_A f_{XY}(x, y) dx dy \qquad (6.2)$$

Esta función se denomina función densidad de
probabilidad conjunta. Debe verificar las condiciones:

$$1) f(x, y) \geq 0 \quad for all x, y$$

$$2) \int_{-\infty}^{\infty} \int_{-\infty}^{\infty} f(x, y) dy dx = 1$$

6.1.2. Funciones de Distribución

La función de distribución de una variable bivariante
$\vec{X} = (X, Y)$ siempre es:

$$F_{XY} = P[X \leq x, Y \leq y] \qquad (6.3)$$

que en una variable discreta será:

$$F_{XY} = P[X \leq x, Y \leq y] = \sum_{x_i \leq x, y_i \leq y} P[X = x_i, Y = y_i]$$

y en una variable aleatoria continua:

$$F_{XY} = P[X \leq x, Y \leq y] = \int_{-\infty}^{x} \int_{-\infty}^{y} f_{XY}(u, v) du dv$$

6.1.3. Función densidad

Solamente en el caso de variables aleatorias continuas
existirá la función densidad. Si en el caso de una
dimensión teníamos que:

$$f_X(x) = \frac{F_X(x)}{dx}$$

ahora tendremos que:

$$f(x,y) = \frac{\partial^2 F_{XY}(x,y)}{\partial x \cdot \partial y} \tag{6.4}$$

6.1.4. Distribuciones marginales

Dada una variable $\vec{X}$ llamaremos distribución marginal
de la componente X (ó Y) a la distribución de X (ó Y)
considerada aisladamente. Si $\vec{X}$ tiene una distribución
discreta y la función de probabilidad conjunta es f_{XY} la
función de probabilidad marginal f_X de X es:

$$f_X(x) = P(X = x) = \sum_{\forall y} P(X = x, Y = y) = \sum_{\forall y} f(x,y)$$

o sea que $F_X(x)$ se encuentra sumando $F_{XY}(xy)$ para
todos los valor posibles de y. Análogamente,

$$f_Y(y) = \sum_{\forall x} f_{XY}(x,y)$$

Si tiene una distribución continua con función densidad $F_{XY}(xy)$, entonces la función densidad marginal de X se obtiene sustituyendo la suma sobre todos los valores posibles de Y por la integral sobre todos los valor posibles de Y. Es decir:

$$f_X(x) = \int_{-\infty}^{\infty} f(x,y) \cdot dy f_X(x) = \int_{-\infty}^{\infty} f(x,y) \cdot dy$$

(6.5)

y análogamente:

$$f_Y(y) = \int_{-\infty}^{\infty} f(x,y) \cdot dx$$

6.1.5. Ejemplos

Ejemplo 6.1 *Si tiramos un dado dos veces, ¿cuál es la probabilidad de que la suma sea par y que el segundo lanzamiento sea 6.*

Definimos X como la variable aleatoria suma de los dos lanzamientos, y Y la variable resultado del segundo lanzamiento. Se nos pide la probabilidad conjunta:

$$P[Xpar, Y = 6]$$

La probabilidad conjunta es la probabilidad de que X sea par al tiempo que Y sea 6. Podemos resolverlo de dos maneras: Habrá tres casos favorables (2,6), (4,6) y (6,6) donde el primer dígito es el resultado de la primera tirada y el segundo el de la segunda, sobre 36 casos posibles. Así:

$$P[Xparell, Y = 6] = \frac{3}{36} = \frac{1}{12}$$

o utilizando la probabilidad condicionada

$$P[Xparell, Y = 6] = P[Xparell|Y = 6]PY = 6 = 1216 = 112$$

Ejemplo 6.2 *Supongamos que $\vec{X} = (x, y)$ tiene una función de probabilidad conjunta:*

$$f(x, y) = \begin{cases} K \cdot |x + y| & para \begin{cases} x = -3, -1, 0, 1, 3 \\ y = -2, -1, 0, 1, 2 \end{cases} \\ 0 & otros\ casos \end{cases}$$

Encuentra el valor de K y la probabilidad que X=0 e Y=-1.

$$K(5+3+2+1+1+4+2+1+0+2+3+1+0+1+3+2+0+$$
$$+ 1 + 2 + 4 + 1 + 1 + 2 + 3 + 5) = 50 \rightarrow K = \frac{1}{50}$$
$$P[X = 0, Y = -1] = \frac{1}{50} \cdot |-1| = \frac{1}{50}$$

Ejemplo 6.3 *3 La función densidad de probabilidad conjunta de las variables aleatorias X e Y es:*

$$f(x, y) = \begin{cases} K \cdot (x^2 + y) & para\ x = 0 \leq y \leq 1 - x^2 \\ 0 & en\ otros\ puntos \end{cases}$$

Encuentra: Los valores de K y la $P\left[\dfrac{1}{2} \leq x \leq 1\right]$

$$\int_{-\infty}^{\infty}\int_{-\infty}^{\infty} K \cdot \left(x^2 + y\right) dy\,dx = 1 =$$

$$= \int_{-1}^{1}\int_{0}^{1-x^2} K \cdot \left(x^2 + y\right) dy\,dx = K \int_{-1}^{1} x^2 y + \frac{y^2}{2}\bigg|_{0}^{1-x^2} = =$$

$$= K \int_{-1}^{1} x^2(1 - x^2) + \frac{1}{2}(1 - x^2)^2 dx =$$

$$= K \left(-\frac{1}{2}\frac{x^5}{5} + \frac{1}{2}x\right)\bigg|_{-1}^{1} = \frac{4}{5}K \Rightarrow K = \frac{5}{4}$$

Y para encontrar la probabilidad que se nos pide lo mejor es dibujar el plano XY y señalar la región que se nos pide:

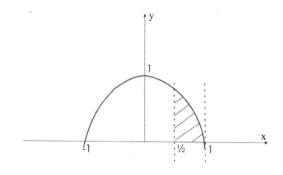

Figura 6.1: Área donde $1/2{<}X{<}1$

$$P\left[\frac{1}{2} < x < 1\right] = \int_{\frac{1}{2}}^{1} \int_{0}^{1-x^2} \frac{5}{4} \cdot \left(x^2 + y\right) dy dx =$$

$$= \frac{5}{4} \int_{-1}^{1} x^2 y + \frac{y^2}{2} \bigg|_{0}^{1-x^2} = \frac{5}{4} \int_{-1}^{1} \left(-\frac{x^4}{2} + \frac{1}{2}\right) dx =$$

$$= \frac{5}{8} \left(-\frac{x^5}{5} + x\right) \bigg|_{-1}^{1} = \frac{5}{8} \frac{3}{5} = \frac{3}{8}$$

Ejemplo 6.4 *La variable $\vec{X}$ bidimensional tiene como función densidad $f(x,y) = e^{-x-y}$ al primer cuadrante, y $f(x,y) = 0$ a los otros puntos. Si tomamos tres puntos al azar en el primer cuadrante, calcula la probabilidad de que al menos uno de los puntos sea del cuadrante*
$$\begin{cases} 0 \le x \le 1 \\ 0 \le y \le 1 \end{cases}$$

La probabilidad de que al menos un punto pertenezca al cuadrante será 1 menos la probabilidad de que ninguno de los tres puntos pertenezca al cuadrante. La probabilidad de que un punto pertenezca al cuadrante es:

$$\int_{0}^{1} dx \int_{0}^{1} e^{-x-y} dy = \int_{0}^{1} \left[-e^{-x-y}\right]_{0}^{1} dx =$$

$$= \int_{0}^{1} dx \left[-e^{-x-1} + e^{-x}\right] = \int_{0}^{1} e^{-x}(1 - \frac{1}{e}) dx =$$

$$= -\left(1 - \frac{1}{e}\right) \left[e^{-x}\right]_{0}^{1} = \left(1 - \frac{1}{e}\right)^2 \approx 0,4$$

Así, la probabilidad de que el punto sea exterior al

cuadrante es

$$1 - \left(1 - \frac{1}{e}\right)^2$$

y la probabilidad de que los tres sean exteriores

$$\left[1 - \left(1 - \frac{1}{e}\right)^2\right]^3$$

. La probabilidad pedida es pues:

$$1 - \left[1 - \left(1 - \frac{1}{e}\right)^2\right]^3 = 1 - \left(\frac{2}{e} - \frac{1}{e^2}\right)^3 \approx 0{,}78$$

Ejemplo 6.5 *Supongamos que las variables aleatorias X,Y están definidas en el rectángulo* $0 \leq x \leq 30 \leq y \leq 4$. *La función de distribución conjunta en este rectángulo es*

$$F(x,y) = \frac{1}{156} \cdot x \cdot y \cdot \left(x^2 + y\right)$$

. *Encuentra:*

- *a)* $P(1 \leq X \leq 2, 1 \leq Y \leq 2)$
- *b) La función densidad de probabilidad.*
- *c)* $P(Y \leq X)$

a)

$$P[1 \leq X \leq 2, 1 \leq Y \leq 2] = F(2,2) - F(2,1) -$$

$$-F(1,2) + F(1,1) = = \frac{1}{156} \cdot [4 \cdot (4+2) - 2 \cdot 5 - 2 \cdot 3 + 2] =$$

$$= \frac{1}{156} \cdot (24 - 10 - 6 + 2) = \frac{10}{156}$$

b)

$$f_{xy} = \frac{\partial^2 F_{XY}}{\partial x \partial y} = \frac{\partial}{\partial x}\left(\frac{1}{156}(x^3 + 2xy)\right) = \frac{1}{156}(3x^2 + 2y)$$

c) Para calcular la probabilidad de que X sea menor que Y, tendremos que mirar qué zona del dominio es esta zona $X < Y$ (Figura6.1.5):

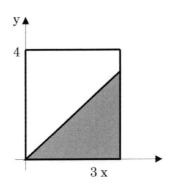

Figura 6.2: Área donde $X < Y$

$$P[X < Y] = \int_0^3 \int_0^x \frac{1}{156}(3x^2 + 2y)dydx =$$

$$= \frac{1}{156}\int_0^3 3x^2 y + y^2\big|_0^x \, dx = \frac{1}{156}\int_0^3 (3x^3 + x^2)dx =$$

$$= \frac{1}{156}\left(3\frac{x^4}{4} + \frac{x^3}{3}\right)_0^3 \approx 0{,}45$$

Ejemplo 6.6 *Sea*

$$f(x,y) = \begin{cases} 2xe^{-y} & 0 \leq x \leq 1, < y < \infty \\ 0 & en\ otros\ puntos \end{cases}$$

Encuentra las funciones de densidad marginales

$$f_X(x) = \int_0^\infty 2xe^{-y} \cdot dy = \left[-2xe^{-y}\right]_0^\infty = 2x$$

$$f_Y(y) = \int_0^1 2xe^{-y}dx = \left[e^{-y}x^2\right]_0^1 = e^{-y}$$

Ejemplo 6.7 *Seleccionamos un punto (X,Y) al azar del rectángulo*

$$R = (x,y)|0 \leq x \leq 2\ , 1 \leq y \leq 4$$

. Encuentra la función densidad conjunta y las funciones densidad marginales.

Si el punto es elegido al azar todos los puntos del rectángulo serán equiprobables. Esto implica que la función densidad será una constante, y como la integral de la función densidad a lo largo de todos los valores debe ser 1, la constante será el valor inverso en el área del rectángulo.

$$\int_{-\infty}^{\infty}\int_{-\infty}^{\infty}f_{XY}(x,y)dxdy = \int_R kdydx = kR = 1 \to k = \frac{1}{R}$$

$$f(x,y) = \begin{cases} \dfrac{1}{6} & si(x,y) \in R \\ 0 & otros \end{cases}$$

$$f_X(x) = \int_1^4 \frac{1}{6}dy = \frac{1}{6}(4-1) = \frac{1}{2}$$

$$f_Y(y) = \int_0^2 \frac{1}{6}dx = \frac{1}{6}(2-0) = \frac{1}{3}$$

6.2
Distribuciones bivariantes condicionales

En el capítulo de introducción dimos la definición de probabilidad de la intersección $A \cap B$ de la siguiente manera:

$$P(A \cap B) = P(B|A)P(A)$$

En el caso de variables aleatorias X i Y discretas tenemos:

$$P[X=x|Y=y] = \frac{P(X=x, Y=y)}{P(Y=y)}$$

En el caso de variables aleatorias continuas, la densidad condicional de X, sabiendo que Y=y, viene dada por:

$$f_{X|Y}(x,y) = \begin{cases} \dfrac{f_{XY}(x,y)}{f_Y(y)}, & f_Y(y) > 0 \\ 0 & otros\ puntos \end{cases}$$

y análogamente:

$$f_{Y|X}(x,y) = \begin{cases} \frac{f_{XY}(x,y)}{f_X(x)}, & f_X(x) > 0 \\ 0, & otros\ puntos \end{cases}$$

Las funciones de densidad condicionadas verifican las condiciones exigidas a las funciones de densidad de las variables unidimensionales.

$$\int_{-\infty}^{\infty} f_{X|Y}(x,y)dx = \int_{-\infty}^{\infty} \frac{f_{XY}(x,y)}{f_Y(y)}dx =$$

$$= \frac{1}{f_2(y)} \cdot \int_{-\infty}^{\infty} f_{XY}(x,y) \cdot dx = \frac{1}{f_2(y)} \cdot f_2(y) = 1$$

y pasará lo mismo con $f_{Y|X}(x,y)$

Ejemplo 6.8 *Sea*

$$f_{XY}(x,y) = \begin{cases} \frac{21}{4}x^2y, & x^2 \leq y \leq 1 \\ 0, & otros\ puntos \end{cases}$$

Encuentra $f_X(x)$ y $f_{Y|X}(x,y)$ y la probabilidad que $Y > 3/4$ si sabemos que $X=1/2$.

$$f_X(x) = \int_{-\infty}^{\infty} f(x,y)dy = \int_x^1 \frac{21}{4}x^2 y \cdot dy =$$

$$= \left[\frac{21}{8}x^2 y^2\right]_{x^2}^1 = \frac{21}{8}x^2 - \frac{21}{8}x^2 x^4 = \frac{21}{8}x^2 \cdot \left(1 - x^4\right)$$

$$f_{Y|X}(x,y) = \frac{f_{XY}(x,y)}{f_X(x)} = \frac{\frac{21}{4}x^2 y}{\frac{21}{8}x^2(1-x^4)} =$$

$$= \frac{2y}{1-x^4} \ \ si \ \ x^2 \leq y \leq 1$$

Si queremos definir la probabilidad para $y \geq \frac{3}{4}$ si sabemos que $x = \frac{1}{2}$ tenemos:

$$P\left[Y \geq \frac{3}{4} \middle| X = \frac{1}{2}\right] = \int_{\frac{3}{4}}^1 f_{Y|X}(x,y)dy =$$

$$= \int_{\frac{3}{4}}^1 \frac{2y}{1-x^4}dy = \left[\frac{y^2}{1-x^4}\right]_{\frac{3}{4}}^1 =$$

$$= \frac{1}{1-\frac{1}{16}} - \frac{\frac{9}{16}}{1-\frac{1}{16}} = \frac{16}{15} - \frac{9}{15} = \frac{7}{15}$$

6.2.1. Variables aleatorias independientes

Dos sucesos son independientes cuando la realización del primero no afecta al segundo y viceversa.
Matemáticamente, definiremos que dos sucesos A y B

son independientes si $P(A|B) = P(A)$ y
$P(B|A) = P(A)$ o también: $P(A \cap B) = P(A) \cdot P(B)$.
Igualmente dos variables aleatorias discretas son
independientes si:

$$P(X = x, Y = y) = P(X = x) \cdot P(Y = y) \qquad (6.6)$$

Si las variables aleatorias X e Y son continuas, serán
independientes si

$$f_{XY}(x, y) = f_x(x) \cdot f_Y(y) \qquad (6.7)$$

para cualesquiera valor xe y .
Si dos variables aleatorias son independientes, la
esperanza conjunta será el producto de las esperanzas:

$$E(XY) = E(X)E(Y) \qquad (6.8)$$

Demostremoslo:

$$E(XY) = \int_{-\infty}^{\infty} \int_{-\infty}^{\infty} xy f_{XY}(x, y) dx dy =$$

$$= \int_{-\infty}^{\infty} \int_{-\infty}^{\infty} xy f_X(x) f_Y(y) dx dy =$$

$$= \int_{-\infty}^{\infty} x f_X(x) dx + \int_{-\infty}^{\infty} y f_Y(y) dy = E(X)E(Y)$$

Ejemplo 6.9 *Supongamos que para las variables X, Y
tenemos:*

$$f_{XY}(x, y) = \begin{cases} 24xy & x \geq 0, y \geq 0 \quad x + y \leq 1 \\ 0 & otros\ puntos \end{cases}$$

¿Son independientes X e Y?

Vamos a dibujar el dominio donde la función densidad es diferente de 0 (Figura 6.2.1)

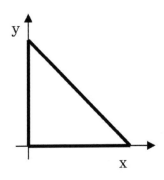

Figura 6.3: Dominio en el que la función densidad es diferente de 0

$$f_X(x) = \int_{y=0}^{y=1-x} 24xy\,dy = \left[24x\frac{y^2}{2}\right]_0^{1-x} = 12x(1-x)^2$$

$$f_Y(y) = \int_{x=0}^{x=1-y} 24xy\,dx = 12y(1-y)^2$$

Así vemos que no son independientes ya que

$$f_1(x) \cdot f_2(y) \neq f(x,y)$$

Ejemplo 6.10 *Supongamos que*

$$f_{X_1X_2}(x_1,x_2) = \begin{cases} \frac{1}{8}x_1e^{-\frac{x_1+x_2}{2}} & x_1 > 0 \ x_2 > 0 \\ 0 & otros \end{cases}$$

¿Son independientes las variables X_1 y X_2?

$$f_{X_1}(x_1) = \frac{1}{8}\int_0^\infty x_1(-2)e^{-\frac{x_1+x_2}{2}}\,dx_2 =$$

$$= \left[\frac{1}{8}x_1(-2)e^{-\frac{x_1+x_2}{2}}\right]_0^\infty = \frac{2}{8}x_1e^{-\frac{x_1}{2}} = \frac{2}{8}x_1e^{-\frac{x_1}{2}}$$

$$f_{X_2}(x_2) = \frac{1}{8}\int_0^\infty x_1\cdot e^{-\frac{x_1+x_2}{e}}\,dx_1 = \frac{1}{8}\left[x_1(-2)e^{-\frac{x_1+x_2}{2}}\right]_0^\infty =$$

$$\frac{1}{8}\int_0^\infty -2e^{-\frac{x_1+x_2}{2}}\,dx_1 = \frac{1}{8}e^{-\frac{x_2}{2}}$$

Por tanto, sí son independientes.

6.3
Covarianza y Correlación

La covarianza tiene por objetivo estudiar la relación entre dos variables aleatorias X e Y en el sentido de que si Y tiende a crecer a la vez que X, diremos que X e Y tienen covarianza positiva. Si al crecer la Y, la X decrece diremos que la covarianza es negativa. Cuanto mayor sea la covarianza más vínculo habrá entre las dos variables. La covarianza entre las variables aleatorias X e Y es:

$$cov(X,Y) = E\left[(X-\mu_1)(Y-\mu_2)\right]$$
$$siendo \ \mu_1 = E(X) \ y \ \mu_2 = E(X) \quad (6.9)$$

y desarrollando esta ecuación:

$$cov(X,Y) = E[(X - \mu_1)(Y - \mu_2)] =$$
$$= E(XY) - \mu_1 E(Y) - \mu_2 E(X) + \mu_1 \mu_2 =$$
$$= E(XY) - \mu_1 \mu_2 - \mu_2 \mu_1 + \mu_1 \mu_2 = E(XY) - \mu_1 \mu_2$$

nos lleva a otra manera de calcular la covarianza:

$$cov[X,Y] = E(XY) - E(X)E(Y) \qquad (6.10)$$

También en distribuciones bivariantes podemos generar momentos con las siguiente igualdades:

$$m_{rs} = E\left[(X - \mu_x)^r (Y - \mu_y)^s\right] =$$
$$= \int_{-\infty}^{\infty} \int_{-\infty}^{\infty} (x - \mu_x)^r \cdot (y - \mu_y)^s \cdot f(x,y) \cdot dx \cdot dy$$
$$a_{rs} = E\left[X^r \cdot Y^s\right] = \int_{-\infty}^{\infty} \int_{-\infty}^{\infty} x^r \cdot y^s \cdot f(x,y) \cdot dx \cdot dy$$
$$(6.11)$$

Y así, la covarianza será:

$$cov(X,Y) = m_{11}$$

y la igualdad (6.3) se puede expresar como

$$m_{11} = a_{11} - a_{10} a_{01}$$

y otra manera de escribir la covarianza es con σ_{XY}. Así:

$$cov[X,Y] = m_{11} = \sigma_{XY}$$

La covarianza nos da una información muy relevante con el signo (positivo o negativo) pero su módulo puede ser confuso. Por ejemplo, si relacionáramos altura de una persona con el número de pie, las unidades de la covarianza serían [pies·cm]. Y esto nos cuesta de imaginar.

Veamos otra parámetro que nos puede ayudar más: el **coeficiente de correlación**.

El coeficiente de correlación nos permite estudiar el grado de relación entre dos variables aleatorias X e Y, o sea, hasta qué punto una de ellas se puede calcular conociendo la otra.

Por definición, el coeficiente de correlación es:

$$\rho = \frac{m_{11}}{\sqrt{m_{20}} \cdot \sqrt{m_{02}}} =$$

$$= \frac{E\left[(X - \mu_x)(X - \mu_y)\right]}{\sqrt{E\left[(X - E(X))^2\right]} \cdot \sqrt{E\left[(Y - E(Y))^2\right]}} =$$

$$= \frac{m_{11}}{\sigma_x \sigma_y} \quad (6.12)$$

y verifica que:

$$-1 \leq \rho \leq 1 \quad (6.13)$$

Este coeficiente será 1 o -1 cuando una variable es combinación lineal de la otra ($Y = aX + b$). Será 1 para $a > 0$ y -1 para $a < 0$. Si el coeficiente de correlación es 0 significa que las variables son independientes.

Demostremos que el coefiente de correlación se mueve
entre -1 y 1. Para cualquier valor de los parámetros u y v
tenemos:

$$Var\left[uX + vY\right] = E\left[u\left(X - \mu_x\right) + v\left(Y - \mu_y\right)\right]^2 =$$
$$= u^2 E\left(X - \mu_x\right)^2 + 2uvE\left[\left(X - \mu_x\right)\left(Y - \mu_y\right)\right] +$$
$$+ v^2 E\left(Y - \mu_y\right)^2 = u^2 m_{20} + 2uvm_{11} + v^2 m_{02} \geq 0$$

ya que las varianzas son siempre positivas. Si para u
tomamos el valor m_02 y para v tomamos $-m_{11}$ tenemos:

$$m_{02}^2 \cdot m_{20} - 2 \cdot m_{02} \cdot m_{11} \cdot m_{11} + m_{11}^2 \cdot m_{02} \geq 0$$
$$m_{02}^2 \cdot m_{20} - m_{11}^2 \cdot m_{02} \geq 0$$
$$m_{02}^2 \cdot m_{20} \geq m_{11}^2 \cdot m_{02} m_{02} \cdot m_{20} \geq m_{11}^2$$
$$\frac{m_{11}^2}{m_{02} \cdot m_{20}} = \rho^2 \leq 1$$

6.3.1.   Propiedades de los momentos

1. La esperanza de la suma de variables es la suma de esperanzas

$$E(X + Y) = E(X) + E(Y) \qquad (6.14)$$

que demostraremos así:

$$E(X + Y) = \int_{-\infty}^{\infty} \int_{-\infty}^{\infty} (x + y) f_{XY}(x, y) dx dy =$$

$$\int_{-\infty}^{\infty} \int_{-\infty}^{\infty} x f_{XY}(x, y) dy dx \int_{-\infty}^{\infty} \int_{-\infty}^{\infty} y f_{XY}(x, y) dx dy =$$

$$= \int_{-\infty}^{\infty} x f_X(x) dx + \int_{-\infty}^{\infty} y f_Y(y) dy = E(X) + E(Y)$$

2. La varianza de una variable aleatoria multiplicada por una constante es la constante por la varianza de la variable:

$$\sigma^2 (K \cdot X) = K^2 \cdot \sigma^2 (X) \qquad (6.15)$$

que demostramos:

$$\sigma^2 (K \cdot X) = E (K \cdot X)^2 - (E (K \cdot X))^2 =$$
$$= K^2 \cdot E (X^2) - K^2 \cdot (E (X))^2 =$$
$$= K^2 \cdot \left[E (X^2) - (E (X))^2 \right] = K^2 \cdot \sigma^2 (X)$$

3. La varianza de una suma de variables aleatorias es la suma de las varianzas de las variables más dos veces su covarianza.

$$\sigma^2(X + Y) = \sigma_x^2 + \sigma_y^2 + 2\sigma_{XY} \qquad (6.16)$$

$$\sigma^2\left(X+Y\right) = E\left(X+Y\right)^2 - \left(E\left(X+Y\right)\right)^2 =$$
$$= E\left(X^2 + 2X\cdot Y + Y^2\right) - E\left(X\right)^2 -$$
$$- 2\cdot E\left(X\right)\cdot E\left(Y\right) - E\left(Y\right)^2 =$$
$$= \left(X^2\right) - \left(E\left(X\right)\right)^2 + E\left(Y^2\right) - \left(E\left(Y\right)\right)^2 +$$
$$+ E(2XY) - 2E(X)E(Y) =$$
$$= \sigma^2\left(X\right) + \sigma^2\left(Y\right) + 2cov(X,Y) \quad (6.17)$$

4. En el caso de variables aleatorias independientes la varianza de la suma es la suma de las varianzas

$$\sigma^2(X+Y) = \sigma_x^2 + \sigma_y^2 \qquad (6.18)$$

Ejemplo 6.11 *El número total de puntos obtenidos en n tiradas de un dado se designa por X. Encuentre E[X] y la desviación típica de X.*

Si X_i es la variable aleatoria de la tirada i, la variables aleatoria X la podemos representar como:

$$X = X_1 + X_2 + X_3 + ... + X_n$$

y la esperanza y la varianza de X_i son respectivamente:

$$E[X_i] \;=\; 1\frac{1}{6} + 1\frac{2}{6} + 1\frac{3}{6} + 1\frac{4}{6} + 1\frac{5}{6} + 1\frac{6}{6} \;=\; \frac{7}{2}$$

$$Var[X_i] = E[(X_i - E[X])^2] =$$

$$= \left(1 - \frac{7}{2}\right)\frac{1}{6} + \left(2 - \frac{7}{2}\right)\frac{1}{6} + \left(3 - \frac{7}{2}\right)\frac{1}{6} +$$

$$+ \left(4 - \frac{7}{2}\right)\frac{1}{6} + \left(5 - \frac{7}{2}\right)\frac{1}{6} + \left(6 - \frac{7}{2}\right)\frac{1}{6} = \frac{35}{12}$$

Y como el resultado de una tirada no influye en la tirada siguiente, sabemos que todas las X_i son independientes y por tanto:

$$E[X] = \sum_{i=1} nE[X_i] = \frac{7}{2}n$$

$$Var[X] = \sum_{i=1} nVar[X_i] = \frac{35}{12}n$$

Ejemplo 6.12 *Tenemos N cromos numerados 1 a N dentro de una urna. Pretendemos extraer r cromos diferentes haciendo extracciones con reemplazo, es decir, que por cada cromo que se saca se mete otro igual en la urna. Se pide encontrar el "número esperado de extracciones" para lograr r cromos diferentes. Designamos por $X_1, X_2, \ldots$ las extracciones necesarias para conseguir sucesivamente un nuevo cromo. Vemos que $X_1 = 1$ ya que el primer cromo es siempre nuevo. X_2 es el número de extracciones para conseguir un cromo diferente del primero. Todos los cromos son nuevos excepto uno. La probabilidad de éxito es $p = \frac{N-1}{N}$ y por tanto según hemos demostrado a la distribución geométrica $E(X_2) = \frac{1}{p} = \frac{N}{N-1}$*

Para obtener el tercer cromo, diferente de los dos primeros tenemos $p = \frac{N-2}{N}$ y $E(X_2) = \frac{N}{N-2}$. Por tanto

$$E[X_1 + X_2 + \ldots + X_n] = \frac{N}{N} + \frac{N}{N-1} + \ldots +$$

$$+ \frac{N}{N-r+1} = N \cdot \left[\frac{1}{N-r+1} + \frac{1}{N-r+2} + \ldots + \frac{1}{N} \right]$$

Si r=N,

$$E[X_1 + X_2 + \ldots + X_n] = N \cdot \left[1 + \frac{1}{2} + \ldots + \frac{1}{N} \right]$$

y si N es par y tomamos $r = \frac{N}{2}$

$$E\left[X_1 + X_2 + \ldots + X_{\frac{N}{2}}\right] = N \cdot \left[\frac{1}{\frac{N}{2}+1} + \ldots + \frac{1}{N} \right]$$

Sabemos que

$$1 + \frac{1}{2} + \frac{1}{3} + \ldots \frac{1}{N} = lnN + C + \varepsilon_n$$

(ln es logaritmo neperiano, C es la constante de Euler y ε_n es un infinitésimo para $N \to \infty$). Para muchas aplicaciones es suficiente considerar $1 + \frac{1}{2} + \frac{1}{3} + \ldots \frac{1}{N}$ (suma parcial de la serie armónica) como equivalente a lnN y obtener:

$$[X_1 + X_2 + \ldots + X_N] \approx N \cdot lnN$$

y también

$$E\left[X_1 + X_2 + \ldots\ldots + X_{\frac{N}{2}}\right] =$$

$$= N \cdot \left[1 + \frac{1}{2}\ldots\ldots + \frac{1}{N} - \left(1 + \frac{1}{2} + \ldots + \frac{1}{\frac{N}{2}}\right)\right] \approx$$

$$\approx N \cdot \left[lnN - ln\frac{N}{2}\right] = N \cdot ln2 \approx 0'7 \cdot N$$

El resultado obtenido lo podemos expresar así: para
coleccionar la mitad de los cromos hacen falta un poco
más de la mitad de N extracciones de la urna
($esperanza \approx 0'7N$) y por coleccionarlos todos, hacen falta
muchísimas más extracciones. Si N=50, para conseguir 25
cromos diferentes serán necesarias aproximadamente
$0'7 \cdot 50 = 35$ extracciones y para lograr el total 50 de
cromos diferentes (recuerda que las extracciones se hacen
con reemplazo) hacen falta $50 \cdot ln50 \approx 200$
aproximadamente.

Ejemplo 6.13 *Debemos medir las longitudes de dos
barras B_1 y B_2 con un instrumento que da medidas no
sesgadas (con media 0) y con varianza σ^2
(independientemente de la longitud medida). Sólo
podemos efectuar dos medidas.*
*Comparar los resultados según los dos procedimientos
siguientes: 1) Medir B_1 y B_2 por separado. 2) Poner las
barras una a continuación de la otra y medir la longitud
$S = B_1 + B_2$. Después poner las barras para medir la
diferencia de longitudes $D = B_1 - B_2$. Estimar B_1 y B_2*

así:

$$B_1 = \frac{1}{2} \cdot (S + D)$$
$$B_2 = \frac{1}{2} \cdot (S - D)$$

Si con el procedimiento 1) encontramos directamente las medidas de B_1 y B_2 con varianza σ^2, y con el procedimiento 2) las mediciones son también no sesgadas y las medidas de S y D con varianzas σ^2. Pero:

$$VAR(B_1) = \frac{1}{4} \cdot VAR(S) + \frac{1}{4} \cdot VAR(D) = \frac{\sigma^2}{2}$$
$$VAR(B_2) = \frac{1}{4} \cdot VAR(S) + \frac{1}{4} \cdot VAR(D) = \frac{\sigma^2}{2}$$

El procedimiento 2) es mejor, la varianza es la mitad.

Capítulo 7

Muestreo

Samuel Johnson: No hace falta comerte la vaca entera para saber que su carne es dura

En estadística, una de los objetivos más recurrentes es conocer la distribución de un determinado parámetro en una población. Por ejemplo, conocer la estatura media y la desviación típica de los habitantes de un país.

Sin duda, la manera más precisa de lograrlo es medir a toda la población, y calcular esos dos parámetros. Pero eso suele ser un proyecto imposible, o muy caro, o muy lento.

Así, lo que se suele hacer es coger unas muestras sobre toda la población, y tratar, a partir de ellas, inferir, o adivinar, cuáles serán los parámetros de toda la población.

Es necesario hablar con rigor de dos conceptos muy importantes: población y muestra.

Entendemos por **población** al conjunto de los individuos o cosas de los cuáles queremos conocer cierta información: los españoles, los ingenieros, los ordenadores, los tornillos que fabrica una empresa.

Y la **muestra** es el conjunto (más pequeño) de los datos de que disponemos: un grupo de españoles, de ingenieros, de ordenadores, de tornillos.

Obviamente:

$$muestra \subset poblacion \qquad (7.1)$$

Quizá el ejemplo que más vemos en los medios de comunicación sobre el muestreo son los sondeos electorales, donde a partir de un grupo de personas, se trata de inferir (adivinar) cuáles serán los resultados de toda la población.

El muestreo hay que ejecutarlo con cuidado. Imaginemos que se quiere hacer un sondeo electoral, y se entrevista a personas que vivien en el barrio más rico de las ciudades. Obviamente la extrapolación a la población total será un desastre.

El tipo de muestreo más estándar es el muestreo aleatorio.

Muestreo aleatorio

En el muestreo aleatorio simple cada individuo de la población tiene igual probabilidad de ser elegido.
por ejemplo, si se hace un sondeo electoral y se ponen todos los DNI (ID's) de cada persona en forma de bola en un bombo de lotería (o cualquier programa informático que extraiga equiprobablemente un DNI) y se extrae una bola, hablaríamos de muestreo aleatorio. Otro concepto importante es el **reemplazo**. Cuando se hace un muestreo con reemplazo significa que la bola se vuelve a meter en el bombo. En ese caso, cada una de las bolas tiene un probabilidad de salir igual a:

$$p(x) = \frac{1}{numero\ de\ bolas}$$

En cambio, si cuando sacamos una bola, la volvemos a meter en el bombo, las probabilidades cambian. Así, la probabilidad de que salga la bola x en la primera extracción es:

$$p(x) = \frac{1}{numero\ de\ bolas}$$

pero en la segunda extracción será:

$$p(x) = \begin{cases} 0 & si\ la\ bola\ salio\ ya \\ \\ \dfrac{1}{numero\ de\ bolas - 1} & si\ la\ bola\ no\ salio \end{cases}$$

y en la tercera extracción:

$$p(x) = \begin{cases} 0 & \text{si la bola salio ya} \\ \dfrac{1}{numero\ de\ bolas - 2} & \text{si la bola no salio} \end{cases}$$

Intuitivamente podemos concluir que la si la población es muy grande, la diferencias en la probabilidad de cada bola van a ser despreciables. Dividir por 1.000.000 o por 999.999 es prácticamente lo mismo. En cambio, si tenemos una población pequeña, este parámetro puede ser importante. Así, reemplazar (volver a poner la bola en el bombo) sólo será importante para poblaciones pequeñas.

Los dos valores más importantes del muestreo son el valor de la esperanza y de la varianza.

7.1.1. Esperanza y varianza muestrales

Hay que distinguir claramente los parámetros de las variables y los parámetros de las muestras.

Imaginemos que X es una variables aleatoria que representa las estaturas de una población. Esta variables tendrá una esperanza E[X], que significará que en promedio, cuando yo elija a personas de aquella población, obtendré de media la estatura E[X], que además coincidirá con la media de todas las personas de aquella población.

En cambio, cuando yo trabaje con una muestra, es de esperar que la media de los valores de la muestra no coincida a la perfección con el valor de E[X].
Imaginemos que extraemos 10 muestras de una población. Evidentemente, la media de estas 10 muestra será:

$$\overline{X} = \frac{X_1 + X_2 + ... + X_{10}}{10}$$

Este es el concepto de media muestral, que representamos con una barra encima de la variable.
Cada una de las muestras se puede entender como una variable aleatoria con una probabilidad p(x) de que salga una determinada estatura. Es decir, si la probabilidad de que una persona mida 1.72 es 0.02, cuando extraigamos la muestra la probabilidad que esa muestra sea 1.72 será 0.2. Así, $X_1, X_2...$ son variables aleatorias, que si se ha efectuado un muestreo aleatorio simple, son independientes. Y como son independientes, podemos aplicar la ecuación (6.2.1). Así:

$$E[\overline{X}] = \frac{E[X_1] + E[X_2] + ... + E[X_{10}]}{10}$$

y todas estas variables tienen la misma esperanza, que coincidirá con la esperanza de la variable poblacional, con lo que

$$E[\overline{X}] = \frac{E[X] + E[X] + ... + E[X]}{10} = E[X] \qquad (7.2)$$

Por otro lado, también vimos en 8 que la varianza de una suma de variables aleatorias es la suma de las varianzas si todas las variables con independientes, o lo que es lo mismo, si su covarianza es cero. Entonces:

$$VAR\left[\overline{X}\right] = VAR\left[\frac{X_1 + X_2 + ... + X_{10}}{10}\right] =$$
$$= VAR\left[\frac{X_1}{10} + \frac{X_2}{10} + ... + \frac{X_{10}}{10}\right]$$

y de la igualdad 6.3.1 podemos continuar:

$$VAR[\overline{X}] =$$
$$= \left(\frac{1}{10}\right)^2 (VAR[X_1] + VAR[X_2] + ... + VAR[X_{10}]$$

y como cada una de las muestras siguen la misma distribución que la variable original, tenemos que $VAR[X_i] = VAR[X]$, con lo que concluimos que:

$$VAR[\overline{X}] = \frac{1}{10^2}VAR[X]$$

Lo que hemos hecho para 10 muestras, es claramente generalizable a n. Obtendríamos las ecuaciones para la esperanza y la varianza muestrales:

$$E[\overline{X}] = E[X] \qquad\qquad (7.3)$$

$$VAR[\overline{X}] = \frac{1}{n^2}VAR[X] \qquad (7.4)$$

Estas dos ecuaciones nos dicen que la mejor aproximación que podemos hacer de la media de la variable de la población es la media de la muestra. Sin embargo, también nos dice que con la media de la muestra no podremos determinar exactamente cuál es la media de la población. La ecuación sobre la varianza nos dice que cuantas más muestras tomemos, n más grande, menor será la varianza, y por tanto, más finos seremos al determinar la media muestral.

Esto es especialmente relevante. Como no podemos acertar exactamente la media de la población, diremos que la media de la población es una nueva variable aleatoria de media la media de la población, y desviación típica igual a la la desviación típica de la población dividido por $\sqrt{n}$:

$$VAR[\overline{X}] = \frac{VAR[X]}{n^2} \Rightarrow \overline{\sigma} = \frac{\sigma}{\sqrt{n}} \qquad (7.5)$$

7.2
Método Montecarlo

Este es uno de los métodos más clásicos de muestreo. El gran problema al que nos enfrentamos es que los parámetros de la población nos son desconocidos. Por eso buscamos muestras, para poder inferirlos.

Lo que hace el método Montecarlo es ir haciendo
diferentes muestreos y calcular la media de cada uno de
ellos. Por ejemplo: de una población de 100 elementos,
coge una muestra de cinco elementos y hace su media.
Luego coge otros cinco (puede repetirse alguno si hay
reemplazo) y vuelve a calcular la media.

$$\text{Primer muestreo}$$

$$X : x_1, x_2, ... x_5 \rightarrow \overline{X_1} = \frac{x_1 + x_2 + ... + x_5}{5}$$

$$\text{Segundo muestreo}$$

$$Y : y_1, y_2, ... y_5 \rightarrow \overline{Y_1} = \frac{y_1 + y_2 + ... + y_5}{5}$$

$$...$$

Y posteriormente, creará un dibujo donde representará
todos los valores de media obtenido, y donde
representará cuántas veces ha salido cada una de estas
medias. Esto dará una distribución normal, cuya media,
será la mejor aproximación posible de la media de la
variable de la población. Como hemos visto en la
ecuación (7.5) cuantas más muestras tomemos más
ajustada a la media poblacional será la media que
estimará el método Montecarlo.

Ejemplo 7.1 *Sea, por ejemplo, una variable aleatoria
exponencial de media 3, que representa el tiempo de vida
de un monitor de ordenador en años. Se han vendido
paquetes de 32 monitores a 14 clientes durante los*

últimos 10 años y conocemos el tiempo de duración de cada aparato y por cada cliente. En las Figuras 7.1 y 7.1 tenemos representados el número de monitores que ha durado un determinado número de años para cada cliente. En la última fila de la tabla vemos la duración media de cada aparato. Observando la misma figura vemos que las muestras reales se aproximan a la distribución exponencial.

Anys	client 1	client 2	client 3	client 4	client 5	client 6	client 7	client 8	client 9	client 10	client 11	client 12	client 13	client 14
1	8	10	7	10	7	12	14	10	9	8	12	10	16	9
2	9	6	9	6	10	6	3	9	11	8	2	8	13	11
3	6	6	5	4	6	2	5	6	4	7	6	2	1	3
4	4	3	3	3	1	1	2	3	3	4	3	5	0	2
5	2	3	3	1	1	2	3	2	3	3	1	3	0	3
6	1	2	2	2	4	2	2	1	1	1	1	1	0	1
7	1	1	0	2	2	2	3	1	0	0	2	0	1	1
8	0	0	1	2	0	2	0	0	0	0	1	1	0	1
9	1	1	1	1	1	1	0	0	1	1	1	1	1	1
10	0	0	1	1	0	2	0	0	0	0	1	1	0	0
Mitjana	2,56	2,84	3,09	3,38	2,91	3,47	2,81	2,31	2,38	2,66	3,63	2,94	1,56	2,63

Figura 7.1: Número de monitores que ha durado un determinado número de años para cada cliente.

En cambio, si hacemos un histograma de las medias obtenidas, es decir, contamos el número de clientes que han obtenido un tiempo de vida medio en un determinado intervalo, obtenemos la Figura 7.2. Esta distribución se aproxima fuertemente a un normal, lo que corroborará el teorema central del límite ??.

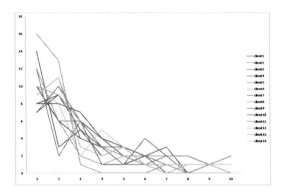

Figura 7.2: Gráfica de la frecuencia de la duración en años de los monitores por cada cliente.

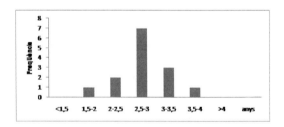

Figura 7.3: Histograma de las medias de duración de los mo-definitorios. Se aproxima a una distribución normal.

Capítulo 8

Leyes y teoremas fundamentales de la Estadística

Capítulo extraído de Probabilidad. De Lluís Vicent y Ramon Villalbí.

Si X es una variable aleatoria con $E\left(X\right) = \mu$ y $VAR(x) = \sigma^2$ tenemos que $\overline{X}$ (media muestral de una muestra de tamaño n) verifica: a) $E\left(\overline{X}\right) = \mu$ y b) $VAR\left(\overline{X}\right) = \frac{\sigma^2}{n}$

Demostrémoslo: Como las variables X_i son independientes, ya que un muestreo es totalmente independiente de todos los demás, y recordando las

igualdades de la esperanza y la varianza de la suma de
variables independientes (6.2.1) y (6.3.1) tenemos

$$E[\overline{X}] = E\left[\frac{1}{n}\sum_{i=1}^{n}X_i\right] = \frac{1}{n}\sum_{i=1}^{n}X_i = \frac{1}{n}n\mu = \mu$$

y además:

$$VAR[\overline{X}] = VAR\left[\frac{1}{n}\sum_{i=1}^{n}X_i\right] =$$

$$= \frac{1}{n^2}\sum_{i=1}^{n}VAR[X_i] = \frac{1}{n^2}n\sigma^2 = \frac{\sigma^2}{n}$$

Este teorema es de gran importancia. Gran parte de la
inferencia estadística se basa en este teorema.

Fijémonos que relaciona la dispersión de la distribución
muestral con la dispersión de la distribución muestral
original. Vemos que la dispersión de la distribución
muestral varía en proporción inversa a la raíz cuadrada
del tamaño de la muestra:

$$\overline{\sigma_x} = \frac{\sigma}{\sqrt{n}} \tag{8.1}$$

Si n=4, la dispersión muestral sería $\frac{\sigma}{2}$ y si n=16 sería $\frac{\sigma}{4}$.

8.1
Ley de los Grandes Números

Si $X_1, X_2, \ldots X_n$ son variables aleatorias independientes e igualmente distribuidas, con $E(X_i) = \mu$ y $VAR(X_i) = \sigma^2$ se verifica:

$$\lim_{n \to \infty} P[|\overline{X_n} - \mu| \leq \varepsilon] = 1$$

lo que significa que cuando tenemos un número muy grande de muestras, la media de todas ellas se aproxima a la esperanza de las variables. Esto es el fundamento matemático y formal de la definición frecuentista de la probabilidad. Por el teorema anterior sabemos que $E(\overline{X_i}) = \mu$ y $VAR(\overline{X_i}) = \frac{\sigma^2}{n}$ y aplicando el teorema de Chebychev

$$P\left[|\overline{X_n} - \mu| > K\frac{\sigma}{\sqrt{n}}\right] \leq \frac{1}{K^2}$$

y si hacemos $K = \frac{\varepsilon\sqrt{n}}{\sigma}$ tenemos:

$$P\left[|\overline{X_n} - \mu| > \varepsilon\right] \leq \frac{\sigma^2}{\varepsilon^2 n}$$

y por tanto

$$\lim_{n \to \infty} P\left[|\overline{X_n} - \mu| > \varepsilon\right] = 0$$

o lo que es lo mismo:

$$\lim_{n \to \infty} P\left[|\overline{X_n} - \mu| \leq \varepsilon\right] = 1 \qquad (8.2)$$

lo que viene a decir que **cuando tenemos un número muy grande de muestras, la media de todas las muestras coincide con la esperanza de la variable.**

8.1.1. Comentarios de la Ley de los Grandes Números

Supongamos que realizamos un gran número de tiradas con una moneda laplaciana ($probabilidad de sacar cara = probabilidad de sacar cruz = \frac{1}{2}$). La ley de los grandes números nos dice que podemos conseguir hacer tan improbable como queramos que la frecuencia de caras (número de caras/número de tiradas) difiera del valor teórico (esperanza) $\frac{1}{2} = 0,5$ tan poco como se quiera . O sea, que si queremos que la frecuencia difiera de 0'5 menos de 10^{-5} y además queremos estar seguros al 99 %, (o sea que la probabilidad de que este deseo se cumplirá sea igual al 99 %), podemos estar seguros de que existe un número n (muy grande) que hace que se verifique esto afirmado.

La ley de los grandes números (8.1) nos dice que al aumentar el número de tiradas, se hace cada vez más fuerte la tendencia a que la frecuencia de caras se acerque a 0'5, pero siempre con una probabilidad dada. También debemos observar, que así como afirma la ley, que la frecuencia de caras tiende a 0'5 al aumentar n, también debemos ver que el número de caras tiende a alejarse más y más del número esperado. Si por ejemplo en 100 tiradas de la moneda hemos obtenido 40 caras y al llegar a 1000 tiradas obtenemos 450 caras, resulta que la frecuencia ha pasado de 40/100 a 450/1000 o sea: de 0'40 a 0'45. La probabilidad esperada es 0'50 y al aumentar a 1000 tiradas la frecuencia (0'45) se aproxima más a la probabilidad esperada. Pero en 100 tiradas el número absoluto de caras difiere de 50 en 10, mientras que en 1000 tiradas, el número absoluto 450 difiere en 50 de 500, o sea que la diferencia es 10 veces mayor.

Otro punto que muchas personas interpretan mal es: si hemos obtenido caras muchas veces seguidas, creemos que si hacemos otra tirada la probabilidad de sacar cara será más pequeña, así que la probabilidad de cruz es mayor. Esto es falso. Si la moneda es laplaciana (normal), en las próximas tiradas las caras y cruces tendrán la misma probabilidad. **Se dice que las tiradas de una moneda no tienen memoria.** En realidad a medida que vamos tirando la moneda es más probable que obtengamos sucesiones ininterrumpidas de caras y cruces.

Así bien, la ley de los grandes números nos asegura que la razón de las caras y las cruces (número de caras / número de cruces) se aproxima cada vez más a 1. Todo lo que hemos comentado tiene mucho que ver con la independencia de cualquier tirada en relación con las tiradas anteriores.

8.2
Teorema Central del Límite

Sea X una variable aleatoria con media μ y varianza
finita σ^2. Si X es la media de una muestra de tamaño n,
la variable $Z = \frac{X - \mu \sigma}{n}$ tiene una distribución que tiende a
la normal tipificada N(0,1) cuando n tiende a infinito. Lo
que dice este teorema es que la distribución de las
medias de varios números de muestras de una variable X
es una normal, independientemente de la distribución de
la variable estudiada

Este teorema se entiende mejor con ejemplos. Veamos el
primero:

Ejemplo 8.1 *Supongamos que tenemos un urna con 20
bolas marcadas con el número 0, 30 con el número 1, y
50 con el 2. Si sacamos bolas al azar, el valor extraído X
es una variable aleatoria con la distribución:*

X	0	1	2
P[X]	0.2	0.3	0.5

*Supongamos ahora que hacemos tres extracciones con
devolución y sean las variables aleatorias X, Y, Z los
números que obtenemos, o sea, tres variables aleatorias
con la misma distribución. Si consideramos ahora la
variable $X = \frac{X+Y+Z}{3}$ su distribución es:*

$\overline{X}$	0	1/3	2/3	1
$P[\overline{X}]$	0.008	0.036	0.114	0.207

$\overline{X}$	4/3	5/3	2
$P[\overline{X}]$	0.285	0.0255	0.125

Estas probabilidades son fácilmente calculables. Por ejemplo, la probabilidad que la media sea 1/3 es

$$P[\overline{X}] = \frac{1}{3} = P[X = 1, Y = 0, Z = 0] +$$
$$+ P[X = 0, Y = 1, Z = 0] + P[X = 0, Y = 0, Z = 1] =$$
$$= 0{,}3 \cdot 0{,}2 \cdot 0{,}2 + 0{,}2 \cdot 0{,}3 \cdot 0{,}2 + 0{,}2 \cdot 0{,}2 \cdot 0{,}3 = 0{,}036$$

Dibujando la función probabilidad de esta variable $\overline{X}$ (Figura(8.1))vemos que se acerca a la forma de la normal. Y téngase en cuenta que la función probabilidad original (Tabla 8.1) dista mucho de ser normal, incluso simétrica, en cambio al hacer medias, los valores extremos pierden probabilidad con respecto a los centrales.

Ejemplo 8.2 *Se toman al azar muestras de exámenes de matemáticas de un gran conjunto de alumnos. Las notas de este gran conjunto de exámenes tiene una media $\mu = 53$ y $\sigma = 12$. Encuentra la probabilidad de que una muestra de $n = 9$ tenga una media comprendida entre 53 y 57.*

Por el primer teorema anterior sabemos que $\mu_X = 53$ y $\sigma_X = \frac{12}{\sqrt{9}} = 4$. Y por el teorema central del límite la

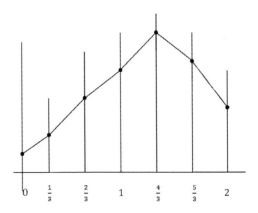

Figura 8.1: Función probabilidad de la media

distribución de $\overline{X}$ será aproximadamente normal y podemos escribir:

$$P[53 < \overline{X} < 57] =$$
$$= P\left[\frac{53-53}{4} < Z < \frac{57-53}{4}\right] = P[0 < Z < 1] = 0{,}341$$

Por lo tanto, escogiendo una muestra de 9 exámenes la probabilidad de que la media de sus notas esté entre 5.3 y 5.7 es 0'34 aproximadamente.

Ejemplo 8.3 *Seleccionar una muestra de tamaño n=12 de una distribución uniforme en el intervalo (0,1).*

Encuentra la probabilidad $P\left[|\overline{X_n} - \frac{1}{2}| \leq 0{,}1\right]$

Sabemos que la media de esta distribución, según la igualdad (5.2) es $\mu = \frac{0+1}{2} = \frac{1}{2} = 0{,}5$ y varianza, según la igualdad (5.2) igual a $VAR[X] = \frac{1-0}{12}$. Según el teorema central del límite la distribución de X será (aproximadamente) una distribución normal de media μ y desviación $\overline{\sigma} = \frac{\sigma}{\sqrt{12}} = \frac{1}{12}$. Por tanto la distribución de la media es:

$$N\left(0{,}5, \frac{1}{12}\right)$$

La probabilidad del enunciado, la podemos reescribir de la siguiente manera:

$$P\left[|\overline{X_n} - \frac{1}{2}| \leq 0{,}1\right] =$$
$$= 1 - (P[\overline{X} < 0{,}4] + P[\overline{X} > 0{,}6]) = 1 - 2P[\overline{X} < 0{,}4]$$

que con ayuda de las tablas de la normal o cualquier herramienta informática vemos que es 0.77

Ejemplo 8.4 *Sea la población uniforme*

$$\begin{cases} f(x) = \frac{1}{4} & x = 0, 1, 2, 3 \\ 0 & otros\ casos \end{cases}$$

Encuentra la población de que una muestra de tamaño 36 dé una media muestral mayor que 1,4 y menor que 1,8.

$$\mu = \frac{0 + 1 + 2 + 3}{4} = 1{,}5$$

$$\sigma^2 = \frac{(0-1{,}5)^2 + (1-1{,}5)^2 + (2-1{,}5)^2 + (3-1{,}5)^2}{4} =$$

$$= \frac{2{,}25 + 0{,}25 + 0{,}25 + 2{,}25}{4} = \frac{5}{4}$$

Por tanto, según (8) y (8) tenemos:

$$\mu_{\overline{x}} = 1{,}5 \quad \sigma_{\overline{x}} = \frac{\sqrt{5/4}}{\sqrt{36}} = \frac{\sqrt{5}}{12}$$

con lo que la media muestral tiene una distribución
$N\left(0{,}5, \dfrac{\sqrt{5}}{12}\right)$ Y con las tablas o cualquier herramienta
informática obtenemos que:

$$P[1{,}4 < X < 1{,}8] = 1 - P[X < 1{,}4] - P[X > 1{,}8] =$$
$$= 1 - 0{,}3 - 0{,}05 = 0{,}65$$

Capítulo 9

Inferencia

A lo largo de las páginas anteriores hemos ido viendo
como a partir de unas probabilidades dadas calculábamos
otras probabilidades.
Por el contrario, en la Estadística, en base a datos que
obtenemos por observación directa, intentamos encontrar
propiedades válidas a toda una población.

---9.1---
Estimación por el método de la máxima verosimilitud

Aprovechamos la distribución binomial que estamos
considerando para tener un primer contacto con el
importante método de la máxima verosimilitud,

163

propuesto por Fisher. Este método ajusta los parámetros de una distribución a partir de las realizaciones históricas (población) del experimento. De hecho el Parámetro de máxima verosimilitud (PMV) es el valor hipotético que maximiza la probabilidad de la muestra observada. Lo estudiaremos con ejemplos.

Ejemplo 9.1 *Si una experiencia aleatoria con probabilidad p de éxito la repetimos n veces y obtenemos y éxitos y $n - e$ fracasos, la probabilidad, a priori, de obtener estos resultados es $f(p) = p^e \cdot (1 - p)^{n-e}$. Esta función se denomina función de máxima verosimilitud. Si desconocemos la probabilidad p la técnica del método de la máxima verosimilitud hace que encontremos la p (o estimemos la p) que máximiza esta probabilidad $f(p)$.*

Como log(f(p) es una función creciente de f(p) y por lo tanto f(p) y log(f(p)) son máximos por el mismo valor de p buscaremos el máximo de log(f(p)) que es más cómodo.

$$log f(p) = e \cdot log p + (n - e) \cdot log(1 - p)$$

$$[log f(p)]' = \frac{e}{p} - \frac{n - e}{1 - p} = 0$$

$$e - p \cdot e = p \cdot n - p \cdot e$$

$$e = p \cdot n \rightarrow p = \frac{e}{n}$$

El resultado es totalmente intuitivo. Sólo considerando los resultados obtenidos de repetir el experimento, daríamos como probabilidad el número de éxitos dividido por el número de experimentos.

Ejemplo 9.2 *Considerando la variable de Poisson:*

$$P(X = x) = \frac{e^{-\lambda} \cdot \lambda^x}{x!}, \ x = 0, 1, 2, \ldots$$

Encontraremos el estimador por P.M.V. del parámetro poblacional λ

Como sabemos el estimador de máxima verosimilitud es tomar como valores del parámetro (en este caso λ) lo que da la mayor probabilidad de obtener la muestra, o según la nomenclatura ya clásica, el máximo de verosimilitud.

Si la muestra es: $X = (x_1, x_2, \ldots x_n)$ la probabilidad de obtener esta misma muestra, o sea la probabilidad conjunta $P(X|\lambda)$ será el producto de las probabilidades correspondientes a cada una de las componentes muestrales. Esta será la función de máxima verosimilitud.

$$P(X|\lambda) = P(x_1|\lambda) P(x_2|\lambda) \ldots P(x_n|\lambda)$$

$$P(X|\lambda) = \frac{e^{-\lambda} \lambda^{x_1}}{x_1!} \cdot \frac{e^{-\lambda} \lambda^{x_2}}{x_2!} \cdots \frac{e^{-\lambda} \lambda^{x_n}}{x_n!} = \frac{e^{-n\lambda} \lambda^{\sum x}}{\prod (x_i)!}$$

Buscaremos, por comodidad, ya que derivar un logaritmos es más fácil, y el máximo de una función coincide con el máximo de su logaritmos, el máximo de $log[P(X|\lambda)]$.

$$log P(X|\lambda) = -n \cdot \lambda + log\lambda \sum x_i - log \prod (x_i)!$$

$$[log P(X|\lambda)]' = -n + \frac{\sum x_i}{\lambda}$$

ya que el tercer término $log\prod(x_i)!$ es independiente respecto a λ y por tanto su derivada es nula. Resolviendo la ecuación

$$-n + \frac{\sum x_i}{\lambda} = 0$$

tenemos

$$\lambda = \frac{\sum x_j}{n} = x.$$

El parámetro buscado es, pues, la media muestral.

Ejemplo 9.3 *Sea la variable X con distribución poblacional dada por:*
$P(X = x) = \alpha(1 - \alpha)^{x-1}$, $x = 1, 2, 3...$ Encontramos el parámetro α si hemos obtenido una muestra $x1, x2, ...$

La función de verosimilitud es:

$$P(X|\alpha) = \alpha^n(1 - \alpha)^{\sum x_i - n}$$

$$logP(X|\alpha) = n \cdot log\alpha + \left(\sum x_i - n\right) \cdot log(1 - \alpha)$$

$$[logP(X|\alpha)]' = \frac{n}{\alpha} - \frac{\sum x_i - n}{1 - \alpha} = 0$$

$$\frac{n}{\alpha} = \frac{\sum x_i - n}{1 - \alpha}$$

$$n - n \cdot \alpha = \alpha \cdot \sum x_i - n \cdot \alpha$$

$$\alpha = \frac{n}{\sum x_i} = \frac{1}{\frac{\sum x_i}{n}} = \frac{1}{\overline{x}}$$

o sea que el estimador de máxima verosimilitud es el inverso de la media de los valores de la muestra.

Ejemplo 9.4 *Si $(x_1, x_2, ..., x_n)$ es una muestra aleatoria de una distribución normal con función de densidad:*

$$f\left(x, \mu, \sigma^2\right) = \frac{1}{\sqrt{2 \cdot \pi \cdot \sigma}} \cdot e^{-\frac{(x-\mu)^2}{2 \cdot \sigma^2}}$$

Encuentras los estimadores μ y σ^2

En este caso la distribución de probabilidad poblacional es de tipo continuo y la función de verosimilitud vendrá dada por la función de densidad de la muestra.

$$f\left(x, \mu, \sigma^2\right) = f\left(x_1, x_2, ...x_n, \mu, \sigma^2\right)$$

y como las componentes muestrales son independientes tendremos:

$$f\left(x, \mu, \sigma^2\right) = f\left(x_1, \mu, \sigma^2\right) \cdot f\left(x_2, \mu, \sigma^2\right) \cdot ....f\left(x_n, \mu, \sigma^2\right)$$

Desarrollando

$$f\left(x, \mu, \sigma^2\right) = \frac{1}{\sqrt{2\pi}\sigma} \cdot e^{-\frac{(x_1-\mu)^2}{2 \cdot \sigma^2}} \frac{1}{\sqrt{2\pi}\sigma} e^{-\frac{(x_2-\mu)^2}{2 \cdot \sigma^2}} ...$$

$$... \frac{1}{\sqrt{2\pi}\sigma} e^{-\frac{(x_n-\mu)^2}{2 \cdot \sigma^2}} = \frac{1}{\left(\sqrt{2\pi}\right)^n \sigma^n} e^{-\frac{\sum(x_i-\mu)^2}{2 \cdot \sigma^2}}$$

Como se trata de dos variables, μ y σ^2, necesitamos resolver las dos ecuaciones de verosimilitud.

$$\frac{\partial log f}{\partial \mu} = 0 \quad y \quad \frac{\partial log f}{\partial \sigma} = 0$$

Como

$$log f = -n log \sqrt{2\pi} - n log \sigma - \frac{\sum(x_i - \mu)^2}{2\sigma^2}$$

y

$$\frac{\partial log f}{\partial \mu} = +\frac{1}{2\sigma^2} 2 \sum (x_i - \mu) = 0$$

$$\frac{\partial log f}{\partial \sigma} = -\frac{n}{\sigma} + \frac{\sum (x_i - \mu)^2 4\sigma}{4\sigma^4} = 0$$

de la primera ecuación deducimos

$$\sum_{i=1}^{n} x_i - n\mu = 0 \ \Rightarrow \ \mu = \frac{\sum_{i=1}^{n} x_i}{n} = \overline{x}$$

y de la segunda

$$\frac{\sum (x_i - \mu)^2}{\sigma^3} = \frac{n}{\sigma} \ \Rightarrow \ \sigma^2 = \frac{\sum (x_i - \mu)^2}{n}$$

Los estimadores serán pues la media muestral $\overline{x}$ y la varianza muestral $\frac{\sum (x_i - \mu)^2}{n}$.

Ejemplo 9.5 *Sea X una variable aleatoria con distribución uniforme definida por la función densidad:*

$$\left\{ \begin{array}{ll} f(x,\alpha) = \dfrac{1}{\alpha} & para\ 0 < x < \alpha \\[2ex] f(x,\alpha) = 0 & otros\ valores \end{array} \right.$$

Encuentra el estimador de máxima verosimilitud.

Tenemos que encontrar un valor α_1 que maximice la probabilidad de obtener la muestra. En este caso la distribución dada es de tipo continua y por tanto la

verosimilitud vendrá dada por la función densidad de la
muestra.

$$f(X|\alpha) = f(x_1|\alpha) \cdot f(x_2|\alpha) \ldots\ldots f(x_n|\alpha)$$
$$f(X|\alpha) = \frac{1}{\alpha} \cdot \frac{1}{\alpha} \cdots \frac{1}{\alpha} = \frac{1}{\alpha^n}$$

y como

$$[f(X|\alpha)]' = \frac{-n \cdot \alpha^{n-1}}{\alpha^{2 \cdot n}} = \frac{-n}{\alpha^{n+1}}$$

esta derivada no es nula para ningún valor de x. Como la
derivada es negativa la función de verosimilitud es
decreciente para todo valor de x. En principio parecería
que el valor muestral que hace máxima la función de
verosimilitud sería el valor mínimo de las $(x_1, x_2, \ldots x_n)$.
Pero esto es incorrecto conceptualmente ya que existen
valores superiores a este mínimo. Razonando de la misma
manera con los otros valores muestrales llegamos a la
conclusión de que el estimador de máxima verosimilitud es
el máximo de todos los valores de la muestra
$(x_1, x_2, \ldots, x_n)$.

Ejemplo 9.6 *Un lago contiene N peces. Para estimar el
valor desconocido N utilizaremos el método llamado de
pesca y repesca. Capturamos r peces que los marcamos y
los volvemos al lago. Después de un período de tiempo
que consideramos suficiente para que estén distribuidos
por todo el lago volvemos a pescar r y observamos que s
peces están marcados. Demostrar que el estimador de
máxima verosimilitud es $\frac{r^2}{s}$.*

Se trata de un problema de Bernoulli. En la repesca, la
probabilidad de sacar s peces será:

$$P(s) = \binom{r}{s} p^s q^{r-s} = \binom{r}{s} \left(\frac{r}{N}\right)^s \left(1 - \frac{r}{N}\right)^{r-s}$$

ya que el número total de peces marcados es r y la
probabilidad de que un pez esté marcado es r/N. Cuanto
más alta sea esta probabilidad más se acercará s al número
de peces total. Así, maximizando esta probabilidad
podemos estimar el número de peces. Así, esta será la
función de máxima verosimilitud:

$f = \binom{r}{s} \left(\frac{r}{N}\right)^s \left(1 - \frac{r}{N}\right)^{rs}$. Habrá que maximizarla en
función de N.

$$log f = log\binom{r}{s} + s \cdot log\frac{r}{N} + (r - s) \cdot log\left(1 - \frac{r}{N}\right)$$

$$(log f)' = \frac{s \cdot N}{r} \cdot \frac{-r}{N^2} + (r - s) \cdot \frac{\frac{r}{N^2}}{\frac{N-r}{N}}$$

$$\frac{s}{N} = \frac{(r - s)\, r}{N\,(N - r)}$$

$$s \cdot (N - r) = (r - s) \cdot r$$

$$s \cdot N - r \cdot s = r^2 - r \cdot s \rightarrow s \cdot N = r^2 \Rightarrow N = \frac{r^2}{s}$$

9.2
Intervalos de confianza

Otra manera de inferir los parámetros consiste en no
calcular el valor exacto , sino un intervalo donde se

estima que se encontrará el parámetro con una cierta
probabilidad.

Vemos el ejemplo más habitual que es de estimación de
una media. Por el teorema central del límite sabemos que
la media muestral de n muestras $\overline{X}$ es una variable
aleatoria normal $N(\mu, \frac{\sigma}{\sqrt{n}})$ donde μ y σ son los
parámetros de la variable aleatoria por toda la población.
En la práctica, lo que tendremos es una media muestral
$\overline{X}$, y desconoceremos el valor real μ, y la mejor
aproximación que podremos hacer de esta desconocida μ
es $\overline{X}$. Por lo tanto, representaremos la $\overline{X}$ como una
$N(\overline{X}, \frac{\sigma}{\sqrt{n}})$, donde supondremos un valor σ para la
variable aleatoria X . Por ejemplo se puede asumir que la
desviación típica de la variable estatura es 10cm,
teniendo poca variación de una población a otra. Así,
como es una distribución normal, podemos calcular el
intervalo donde se encontrará la desconocida media
poblacional μ con una confianza, o significancia $1 - \alpha$
(Figura 9.2), que normalmente es del 0.95 o del 0.99.
Para estandarizar el cálculo se suele normalizar la variable
normal según la fórmula habitual de tipificación (5.3.2):

$$Z = \frac{X - \mu}{\sigma}$$

que en este caso deberá ser:

$$Z = \frac{\overline{X} - \overline{x}}{\sigma/\sqrt{n}}$$

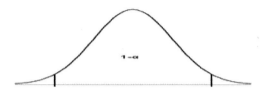

Figura 9.1: Área donde la probabilidad de la variable
es $1 - \alpha$

El intervalo para una confianza de $1 - \alpha$, es

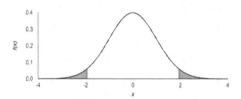

Figura 9.2: Intervalo de confianza $1 - \alpha$

$\left[z_{-\alpha/2}, z_{\alpha/2}\right]$ El valor de confianza más estándar es de
0.95. El intervalo donde se encuentran el 95 % de las
realizaciones de esta distribución, es decir, el intervalo z
en que $P\left[|Z| \leq z_{0,025}\right] = 0,95$, o equivalentemente, el
intervalo en que $P\left[|Z| \geq z_{0,025}\right] = 0,025$, se puede
encontrando consultando las tablas de la N(0,1). De ellas
sabemos que $F_Z\left(1,96\right) = 0,975$, y por tanto, el intervalo
donde se encuentra la variable Z con una probabilidad

del 0.95 es [-1.96,1.96] Desnormalizar, el intervalo de
confianza 0.95 de la media es, aplicando la fórmula:

$$\overline{X} = Z\frac{\sigma}{\sqrt{n}} + \overline{x}$$

la expresión siguiente:

$$\left[-1{,}96\frac{\sigma}{\sqrt{n}} + \overline{x} \ , \ 1{,}96\frac{\sigma}{\sqrt{n}} + \overline{x} \right] \qquad (9.1)$$

que provoca que:

$$P\left[-1{,}96\frac{\sigma}{\sqrt{n}} + \overline{x} \le \mu \le 1{,}96\frac{\sigma}{\sqrt{n}} + \overline{x} \right] = 0{,}95$$

Ejemplo 9.7 *Se quiere estimar la estatura de la
población de un país con una muestra de 30 personas
representando adecuadamente los géneros y edades. La
media de esta muestra es de 1.72, y conocemos que la
desviación típica de las estaturas es 10cm. Encuentra el
intervalo de confianza al 0.99 (se quiere una precisión
mejor que el habitual de la media de estatura de la
población).*

Para una confianza 0.99 hay que encontrar el valor $z_{\alpha/2}$ tal
que $F_Z\left(z_{\alpha/2}\right) = 0{,}995$ Y en las tablas de la normal vemos
que esto es cumple para: $z_{\alpha/2} = 2{,}58$ que desnormalizando

da un intervalo de confianza

$$\left[-2{,}58\frac{\sigma}{\sqrt{n}}+\overline{x}, 2{,}58\frac{\sigma}{\sqrt{n}}+\overline{x}\right]=$$
$$=\left[-2{,}58\frac{10}{\sqrt{30}}+172, 2{,}58\frac{10}{\sqrt{30}}+172\right]=$$
$$=[167{,}29, 176{,}71]$$

Lo que significa que la probabilidad de que la media se encuentra dentro de este intervalo con una probabilidad del 99 %. O dicho de otro modo, de cada 100 muestras de 30 elementos que hacemos de esta población, en 99 casos el intervalo de confianza incluirá la media real, y sólo en un caso encontraremos un intervalo que no la incluirá.

Capítulo 10

Contrastes de hipótesis

Capítulo extraído de Probabilidad. De Lluís Vicent y Ramon Villalbí.

Una de las cuestiones que trataremos en este capítulo es si un determinado suceso tiene una probabilidad igual a un valor p_0 dado. Por ejemplo, ¿la probabilidad de obtener cara en una moneda es $1/2$? Esto es un ejemplo del llamado **test de hipótesis**. Una segunda cuestión es: ¿la probabilidad buscada pertenece a un intervalo dado (a,b)? ¿la media de una determinada población es igual que la de otra?

Consideramos una moneda de la que queremos saber si está sesgada o no. De momento establecemos que es una

moneda normal. Es decir, la **hipótesis** es que $p = \frac{1}{2}$.
Esta hipótesis, H_0, lA llamaremos **hipótesis nula**. O sea,
que H_0 establece que estamos en un caso de moneda
laplaciana. Para resolver la cuestión no tenemos otro
camino que la observación de las veces que sale cara en
un determinado número de tiradas.

Si H_0 es cierta creemos que el número de veces que
saldrá cara será aproximadamente la mitad de veces,
aunque sabemos que a veces podemos obtener resultados
no usuales.

Comenzaremos tirando la moneda 10 veces y esperamos
que salgan alrededor de 5 caras de tal manera que una
desviación de 2 caras con más o menos no llama la
atención. Si obtenemos 3, 4, 5, 6 y 7 caras no nos hace
abandonar la hipótesis H_0 de que la moneda es
laplaciana. Aquí se presenta la pregunta capital: ¿cuál
debe ser el resultado de caras que nos hace aceptar H_0 y
cuando rechazaremos H_0.

La certeza no la tenemos nunca, ya que cualquier número
de lanzamientos de la moneda y cualquier número de
apariciones de cara no nos permite estar seguros de que
nuestra decisión es correcta. Lo que sí podemos calcular
la probabilidad de que rechazamos la hipótesis de que la
moneda es laplaciana cuando en realidad es perfecta.

Convenimos, por ejemplo, que si salen 0,1,9 y 10 caras
rechazaremos H_0. O sea, si sale 0 ó 1 cara es porque
$p < \frac{1}{2}$ y la moneda está sesgada a favor de cruz. Y si
salen 9 y 10 caras el sesgo está a favor de cara.

Aplicando la fórmula de la distribución de Binomial (5.1)

$$P(x) = \binom{n}{x} p^x q^{nx} \; con \; n = 10, \; p = \frac{1}{2} \; y \; x = 0,1,2,..,10.$$

Obtenemos los siguientes resultados:

Región de rechazo			
x	0	1	9	10
P(x)	0.001	0.009	0.009	0.001

Región de aceptación			
x	2	3	4	5
P(x)	0.043	0.117	0.205	0.246
x	6	7	8	-
P(x)	0.205	0.117	0.043	-

Error Tipo I La probabilidad de que siendo H_0
verdadera la rechazamos se designa por α y este error se
denomina **Error Tipo I**.
En la cuestión planteada antes tenemos:

$$\alpha = P(0) + P(1) + P(9) + P(10) =$$
$$= 0,0010 + 0,0098 + 0,0098 + 0,0010 = 0,0216$$

Esta probabilidad $\alpha = 0,0216$ es pequeña como ya
intuitivamente habíamos previsto.
Así pues siempre que rechazamos la hipótesis de que la
moneda es perfecta para salir 0,1,9 ó 10 caras tenemos
una probabilidad de 0.0216 a equivocarnos. Es decir, con

el convenio adoptado nos equivocaremos un 2.16 % de
veces.

Error Tipo II Otro tipo de error que podemos cometer
en un test de hipótesis es aceptar la hipótesis H_0 cuando
ésta es falsa.

La probabilidad de que siendo la H_0 falsa la aceptamos
como verdadera es designa por la letra β y se llama, este
error **Error Tipo II**.

Si la moneda estudiada anteriormente tuviera como
probabilidad verdadera de salir cara 0.30, la moneda no
sería laplaciana y cometeremos un error tipo II si
aceptamos H_0 que tendrá lugar con probabilidad:

$$\beta = P\left(2 \leq X \leq 8 \; con \; prob = 0{,}3\right) =$$

$$= \sum_{x=2}^{x=8} \binom{10}{x} \cdot 0{,}3^x \cdot 0{,}7^{10-x} \approx 0{,}85$$

Observamos que con nuestro criterio, la probabilidad de
considerar la moneda buena siendo sesgada es altísima.
La tabla siguiente muestra las diferentes decisiones que
podemos adoptar:

		H_0 Verdadera	Falsa
H_0	Aceptada	Correcto	Error Tipo II
	Rechazada	Error Tipo I	Correcto

Ejemplo 10.1 *Hemos creado un nuevo tipo de móvil
con pantalla táctil para facilitar su uso. Para comprobar*

	Grupo de Control	Grupo Experimental
Número de individuos	30	30
Media	5.71	5.4
Desviación típica	2.75	2.84

Cuadro 10.1: Resultados contraste por tipo de móvil

si realmente el nuevo método es eficiente para la mayoría de los usuarios, se experimenta con 60 personas, divididas en dos grupos. En el primer grupo, llamado de control, se le da un móvil convencional y el segundo grupo, experi-mental, se le da el nuevo móvil. A los dos grupos se les encomienda la misma tarea y se contabiliza el tiempo en minutos que tardan en realizarla.

En la Tabla 10.1 se observan el tiempo medio y la desviación típica obtenida por cada grupo.

Según los datos parece que hemos mejorado muy levemente el tiempo empleado por los usuarios para hacer ciertas funciones, pero a priori, no parece un resultado muy definitivo para asegurar que nuestro sistema sea una mejora. Hay que hacer un test de hipótesis para estudiar cuál es el error del tipo I que cometemos si decimos que nuestro sistema es mejor. Consideraremos como hipótesis

nula de que las medias en tiempos de los dos grupos son
iguales, o sea, que nuestro sistema no mejora ni empeora el
uso. Evidentemente, no se conoce el tiempo medio que
tardarán todos los usuarios del mundo en realizar aquellas
tareas, y se debe extrapolar el resultado obtenido de la
muestra a la población general. Como, por el teorema
central del límite, sabemos que cualquiera que sea la
distribución del tiempo, el tiempo medio de las poblaciones
se distribuirá según una distribución normal, lo que sí
podremos afirmar es que, en el grupo de control, la media
del tiempo que tardan los usuarios en realizar esa función
es una variable aleatoria con distribución normal de media
5.71 minutos y desviación 2.75/30, y en el experimental,
una distribución normal de media 5:40 minutos y
desviación 2.84/30, que podemos representar en la 10.

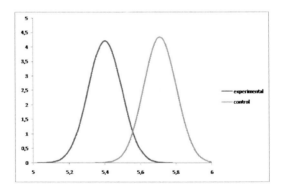

Figura 10.1: Distribución de las medias de los grupos
de control y experimental

Por propiedades de la distribución normal, sabemos que la diferencia de las medias también seguirá una distribución normal. Si consideramos la hipótesis nula, se tratará de una distribución normal de media 0. Como las desviaciones de las medias son prácticamente iguales, consideraremos que la desviación típica de la diferencia seguirá el mismo patrón. Así, tomaremos como desviación la menos precisa de los dos grupos. Después, calcularemos, ¿cuál es la probabilidad, en caso de que las medias sean iguales, de haber obtenido un valor superior a la diferencia de medias obtenida $\mu_1 - \mu_2$ (Figura 10)

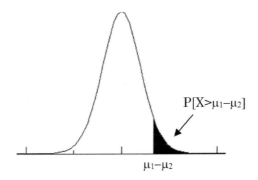

$$P[X>\mu_1-\mu_2]$$

$$\mu_1-\mu_2$$

Figura 10.2: Error tipo I. Probabilidad de que la diferencia de medias sea superior a la obtenida en caso de que las dos medias sean iguales

En nuestro caso, en una normal de media 0 y desvíación 2.84/30=0.095, la probabilidad de haber obtenido una

diferencia en las medias de 5.71-5.40=0.31, o más grande,
es prácticamente 0 (0,000550891). Si nos fijamos en la en
la Figura 10, vemos que la cola que queda a la derecha del
valor 0,31 es prácticamente nula. Con estos datos, y en
contra de lo que podía parecer en un principio, podemos
afirmar con contundencia estadística, que nuestro móvil
permite realizar ciertas funciones más rápidamente, a
pesar de la escasa diferencia entre medias.

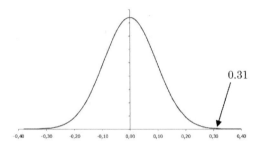

Figura 10.3: Distribución de la diferencia de las medias

Capítulo 11

Regresión

Las variables aleatorias pueden tomar diversos valores, pero lo pueden hacer con distinta probabilidad. De la misma manera, hemos visto que dos variables aleatorias pueden tener relación entre ellas.

La covarianza y la correlación nos dan el grado de relación que existe entre dos variables.

Pero esta relación, hay que enmarcarla dentro de la probabilidad. Por ejemplo, imaginemos dos variables aleatorias en una población, la estatura, y el número de pie. A priori, si preguntáramos a cualquier persona si estas variables tienen relación, seguramente nos diría que sí, que a más estatura, más número de pie y viceversa. Pero también casi todos convendremos en que eso no va a pasar siempre. Es decir, es posible que una persona más

Estatura	Número de pie
168	41
179	43
176	44
161	38
165	40
182	42
189	45
173	40
170	42
175	42

Cuadro 11.1: Estaturas y números de pie de 10 individuos

baja tenga un pie más grande que una persona más alta. Así, lo que podríamos decir es que a mayor estatura, probablemente la persona tendrá un mayor número de pie.

Cuando tenemos dos variables aleatorias de las que queremos conocer su relación, un recurso muy útil es el gráfico de dispersión. Veamos el siguiente ejemplo. De 10 personas tenemos las estaturas y los números de pie de la Tabla 11.1:

y el gráfico de dispersión lo vemos en la Figura 11es:

En este gráfico observamos, que efectivamente, se observa una relación entre ambas variables, una relación positiva. Esto nos llevaría a pensar que su covarianza y

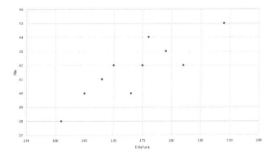

Figura 11.1: Gráfica de dispersión de las variables estatura y número de pie.

correlación son positivas. Calculémoslo según las igualdades 6.3 y 6.3.

$$\sigma_{estatura \cdot pie} = E[estatura \cdot pie] -$$
$$- E[estatura]E[pie] = 13{,}14$$
$$\rho = \frac{\sigma_{estatura \cdot pie}}{\sigma_{estatura}\sigma_{pie}} = 0{,}85$$

y como esperábamos tenemos una fuerte relación (0.85 se acerca a 1) positiva entre las dos variables.
En casos como este, podemos intuir que estos puntos se pueden aproximar por una recta que relaciones linealmente las dos variables, como vemos en la
Veamos la manera más sencilla de encontrar esta recta.

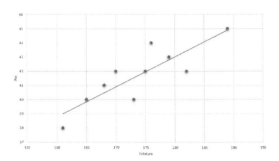

Figura 11.2: Línea de tendencia de las variables Estatura-pie.

Toda recta la podemos expresar de la siguiente manera:

$$y = ax + b$$

Por tanto, si conocemos a y b, podemos dibujar la recta. Así, estas serán nuestras incógnitas. Si con esta recta queremos aproximar los puntos de dispersión que hemos dibujado, la distancia de la recta a los puntos de dispersión debe ser mínima. Así deberemos calcular para cada punto, la diferencia entre el punto de dispersión y la recta.

Si cada punto de dispersión lo representamos como (x_i, y_i), la recta para la abscisa x_i pasará por el punto $(x_i, ax_i + b)$, con lo que la difencia en cada punto será:

$$dif_i = |y_i - (ax_i + b)|$$

Hemos incluido el valor absoluto en la resta porque nos interesa la distancia de la recta al punto, y la distancia siempre debe ser positiva.

Si queremos encontrar la mejor recta que aproxime todos los puntos, debemos minimizar el total de las distancias de la recta a los puntos, o sea, la suma de las distancias:

$$minimizar \quad \sum_{i=1}^{n} |y_i - (ax_i + b)|$$

y para no tener que trabajar con valores absolutos minimizaremos el cuadrado de las distancias. Los valores a y b que minimicen la distancia (valor absoluto), serán los mismos que minimicen la distancia al cuadrado. Así:

$$minimizar \quad \sum_{i=1}^{n} (y_i - (ax_i + b))^2 \qquad (11.1)$$

Y para encontrar el mínimo deberemos derivar esta distancias al cuadrado respecto a y respecto b e igualarlas a 0. Pero, nos va a convenir hacer un artificio matemático antes para simplificar los cálculos. Vamos a llamar a hacer lo siguiente:

$$y = ax + b + a\overline{x} - a\overline{x}$$

y agruparemos y renombraremos:

$$y = a\overline{x} + b + a(x - \overline{x})$$
$$X = x - \overline{x}$$
$$B = b + a\overline{x}$$
$$y = aX + B$$

Y así, la ecuación (11) será:

$$minimizar \quad \sum_{i=1}^{n}(y_i - (aX + B))^2 \qquad (11.2)$$

y derivando respecto B

$$\frac{\partial}{\partial B}\sum_{i=1}^{n}(y_i - (aX + B))^2 = 2\sum_{i=1}^{n}(y_i - (aX + B)) = 0$$
$$(11.3)$$

$$\sum_{i=1}^{n}y_i - a\sum_{i=1}^{n}X - nB = 0 \qquad (11.4)$$

y aquí podemos simplificar un elemento:

$$\sum_{i=1}^{n}X = \sum_{i=1}^{n}(x_i - \overline{x}) = \sum_{i=1}^{n}x_i - \sum_{i=1}^{n}\overline{x} = 0 = n\overline{x} - n\overline{x} = 0$$

con lo que de (11) podemos despejar la B

$$B = \frac{\sum\limits_{i=1}^{n}y_i}{n} = \overline{y}$$

y ahora derivando (11) respecto a y substituyendo B
obtenemos:

$$2\sum_{i=1}^{n}(y_i - aX - B)X = 0$$

$$\sum_{i=1}^{n} y_i X - a\sum_{i=1}^{n} X^2 - B\sum_{i=1}^{n} X = 0$$

y como el último término ya hemos visto que es 0
obtenemos que:

$$a = \frac{\sum\limits_{i=1}^{n} y_i X}{\sum\limits_{i=1}^{n} X^2} = \frac{\sum\limits_{i=1}^{n} y_i(x_i - \overline{x})}{\sum\limits_{i=1}^{n} (x_i - \overline{x})^2} = \frac{-\overline{x}\sum\limits_{i=1}^{n} y_i + \sum\limits_{i=1}^{n} y_i x_i}{\sum\limits_{i=1}^{n} (x_i - \overline{x})^2} =$$

$$= \frac{-\overline{xy} + \sum\limits_{i=1}^{n} y_i x_i}{\sum\limits_{i=1}^{n} (x_i - \overline{x})^2} = \frac{\sum\limits_{i=1}^{n} XY}{\sum\limits_{i=1}^{n} X^2}$$

En este último paso hemos aplicado el cambio

$$Y = y - \overline{y}$$

Así pues la recta de regresión es:

$$y = \frac{\sum\limits_{i=1}^{n} XY}{\sum\limits_{i=1}^{n} X^2} x + \overline{y} = \frac{\sum\limits_{i=1}^{n} (x - \overline{x})(y - \overline{y})}{\sum\limits_{i=1}^{n} (x - \overline{x})^2} x + \overline{y}$$

y estas fórmulas nos resultan conocidas. La recta de
regresión la podemos expresar como:

$$y = \frac{\sigma_{XY}}{\sigma_x^2}(x - \overline{x}) + \overline{y} \qquad (11.5)$$

Capítulo 12

Machine learning: Análisis Factorial y Clúster

En el mundo actual, la cantidad de datos que manejamos puede ser inmanejable. El Big Data es la expresión inglesa que representa el trabajo con muchos datos. [1]

---

[1]Siendo estrictos, el Big Data es la expresión que utilizamos para representar proyectos donde hay gran Volumen de datos, gran Variabilidad de datos, y gran Velocidad en la que se reciben los datos. Por eso se habla de que el Big Data representa las tres uves VVV

12.1
Aprendizaje supervisado y no supervisado

Habitualmente los datos se organizan en diversas variables (que en la ciencia de datos llamaremos **atributos**), y para cada individuo de una población disponemos de un valor para cada una de las diferentes variables. ¡destacado¿En muchas ocasiones, existe un atributo especial que queremos predecir a partir de los datos disponibles, bien para nuevos individuos, bien para los mismos en un instante futuro. En este caso hablamos de **datos etiquetados (labelled data).**

Por ejemplo, para 100 clientes de un taller, disponemos de los siguientes atributos: coche en garantía (sí/no), visitas al taller en los últimos cinco años, fecha de compra del coche, edad y género. En este caso el atributo clave es conocer si acudirá a la revisión el próximo año. Conociendo el comportamiento los últimos cinco años se puede predecir ese atributo. Cuando la respuesta al atributo de interés es categórica (sí/no, derecha/izquierda, color, etc) estamos ante un proceso llamado **clasificación**. Si la respuesta al atributo es un número, por ejemplo, el salario esperado el próximo año, estamos ante un proceso llamado **regresión**.

En cambio, existen casos donde no hay un especial interés en un atributo concreto, sino que se buscan relaciones o asociaciones en los datos disponibles que puedan alumbrar informaciones ocultas para el ser humano. En este caso hablamos de **datos no**

etiquetados (unlabelled).

Hablamos de **aprendizaje supervisado** cuando trabajamos con datos etiquetados. Los algoritmos más frecuentes son árboles de clasificación, reglas de clasificación, vecinos más próximos, regresión y redes neuronales. En cambio, hablamos de **aprendizaje no supervisado** cuando trabajamos con datos no etiquetados. Los algoritmos más frecuentes son el análisis factorial y el clustering. Cuando se trata con volúmenes ingentes de información, el aprendizaje no supervisado es especialmente útil porque permite reducir la información a pocos factores con información significativa, y a grupos de individuos. Estos análisis permiten, además, sacar a la luz información oculta o enmascarada en la enorme maraña de datos.

Vamos a estudiar el análisis factorial, que permite reducir el número de variables a unos pocos factores, y el análisis clúster que permite encontrar grupos (clústers) de individuos que se comportan de manera parecida respecto a los factores.

12.2
Análisis Factorial

El análisis factorial es una técnica de **Minería de Datos** que describe la variación entre muchas variables en términos de unas pocas subyacentes variables aleatorias no observables.

El análisis factorial se utiliza para descubrir la estructura

latente (las dimensiones que hay realmente) de un
conjunto de variables. Reduce el espacio de un número
grande de variables a un número menor, y como tal, es
un procedimiento "no dependiente" (es decir, no asume
una variable dependiente, como en el aprendizaje
supervisado).
El análisis factorial se puede utilizar para cualquiera de
los siguientes propósitos:

- Reducir una gran cantidad de variables a una
  menor cantidad de factores.
- Seleccionar un subconjunto de variables de un
  conjunto más grande, minimizando la pérdida de
  información.
- Crear un conjunto de factores que se tratarán
  como variables no correlacionadas.
- Identificar grupos de casos y / o valores atípicos.
- Determinar grupos de redes determinando qué
  conjuntos de individuos se agrupan juntos
  (clústeres).

12.2.1. Matriz de covarianza

La base para el análisis factorial es la covarianza.
La covarianza siempre se mide entre dos dimensiones. Si
tenemos un conjunto de datos con másde dos
dimensiones, hay más de una medida de covarianza que
se puede calcular. Por ejemplo, para un conjunto de
datos tridimensional (dimensiones x, y, z) podría calcular
cov(x,y), cov(y,z) y cov(x,z). De hecho, para un conjunto

de datos n-dimensionales, puede calcular $\frac{n!}{2(n-2)!}$
diferentes valores de covarianza. Una forma útil de
obtener todos los posibles valores de covarianza entre
todas las diferentes dimensiones es calcularlos todos y
ponerlos en una matriz. Cada entrada en la matriz es el
resultado de calcular la covarianza entre dos dimensiones
separadas. La matriz de covarianza para un conjunto de
datos tridimensionales imaginarios (utilizando las
habituales dimensiones de x, y, z) serían la siguiente:

$$C = \begin{pmatrix} cov(x,x) & cov(x,y) & cov(x,z) \\ cov(y,x) & cov(y,y) & cov(y,z) \\ cov(z,x) & cov(z,y) & cov(z,z) \end{pmatrix} \quad (12.1)$$

En esta matriz, la diagonal principal son covarianzas de
una variable sobre ella misma, lo que dará su varianza, y
por otra parte, como cov(x,y)=cov(y,x) la matriz será
simétrica.

Análogamente, podemos obtener la matriz de
correlaciones de la siguiente manera:

$$\begin{pmatrix} \rho_{xx} & \rho_{xy} & \rho_{xz} \\ \rho_{yx} & \rho_{yy} & \rho_{yz} \\ \rho_{zx} & \rho_{zy} & \rho_{zz} \end{pmatrix} \quad (12.2)$$

En esta matriz toda la diagonal valdrá, evidentemente 1,
y será simétrica:

$$\begin{pmatrix} 1 & \rho_{xy} & \rho_{xz} \\ \rho_{xy} & 1 & \rho_{yz} \\ \rho_{xz} & \rho_{yz} & 1 \end{pmatrix} \quad (12.3)$$

Esta matriz nos va a dar información muy relevante. Por ejemplo, si dos variables están muy relacionadas ($\rho_{xy} \sim 1$) podemos intuir que hay mucha redundancia en la información que ofrecen. Eso intuitivamente nos puede llevar a pensar que podemos prescindir de alguna de las dos variables y quedarnos sólo con una.

Ejemplo 12.1 *Sea la matriz de correlación:*

$$\begin{pmatrix} 1 & 0{,}837 & 0{,}217 \\ 0{,}837 & 1 & 0{,}135 \\ 0{,}217 & 0{,}135 & 1 \end{pmatrix} \tag{12.4}$$

En ella vemos que la correlación entre x e y es cercana a 1, lo que significa que hay una fuerte correlación entre las dos variables. Por ejemplo, la esperanza de vida de una persona y su nivel económico son variables distintas pero que tienen correlación. En este caso sería posible, para el estudio, quedarnos con una sola de las variables.

Esta manera de trabajar es intuitiva pero burda. El análisis factorial nos ofrece una manera rigurosa y elegante de hacer esto.

12.2.2.   Los factores

El análisis factorial toma como entrada una serie de medidas y pruebas. Es decir, para un conjunto de individuos n, tenemos unos valores para cada una de m variables o atributos:

	V_1	V_2	$\ldots$	V_m
I_1	x_{11}	x_{12}	$\ldots$	x_{1m}
I_2	x_{21}	x_{22}	$\ldots$	x_{2m}
$\vdots$	$\vdots$	$\vdots$	$\vdots$	$\vdots$
I_n	x_{n1}	x_{n2}	$\ldots$	x_{nm}

Aquellas variables que se comportan de una misma manera (se mueven juntas) son consideradas como una sola cosa, un factor. Es decir, en el análisis factorial el investigador asume que existe "algo" en forma de factor subyacente, y cada movimiento simultáneo (correlación) es una evidencia de su existencia.

Cada una de las variables originales V_i, se podrá expresar como combinación lineal de los factores F_j:

$$V_1 = a_{11}F_1 + a_{12}F_2 + \ldots + a_{1m}F_m + u_1$$
$$V_2 = a_{21}F_1 + a_{22}F_2 + \ldots + a_{2m}F_m + u_2$$
$$\vdots$$
$$V_m = a_{m1}F_1 + a_{m2}F_2 + \ldots + a_{mm}F_m + u_m$$

que puede expresarse en forma matricial como:

$$\begin{pmatrix} V_1 \\ \vdots \\ V_m \end{pmatrix} = \begin{pmatrix} a_{11} & \ldots & a_{1m} \\ \vdots & \ddots & \vdots \\ a_{m1} & \ldots & a_{mm} \end{pmatrix} \begin{pmatrix} F_1 \\ \vdots \\ F_m \end{pmatrix} + \begin{pmatrix} u_1 \\ \vdots \\ u_m \end{pmatrix}$$

$$(12.5)$$

o equivalentemente:

$$V = AF + U \tag{12.6}$$

Donde A es la **matriz de cargas factoriales**.

Según esta fórmula, el análisis factorial permite generar una tabla en la que las filas son las variables observadas sin procesar y las columnas son los factores o variables latentes que explican la mayor parte de la varianza (la mayor parte de la información) en estas variables.

Existen diversos métodos para encontrar los factores y las cargas factoriales, que quedan fuera del alcance de esta asignatura: la descomposición por componentes principales, por ejes principales, el método de máxima verosimilitud, mínimos cuadrados, alfa, etc. siendo el más utilizado es análisis por componentes principales (PCA).

La matriz A representa los pesos de las variables observadas en cada factor (carga factorial) y el significado de los factores debe ser inducido a partir del peso de cada variable. Este proceso de etiquetado inferencial puede estar plagado de subjetividad, y puede ser tan diversa como investigadores haya.

Ejemplo 12.2 *Por ejemplo. Si tenemos:*

$$\begin{pmatrix} V_1 \\ \vdots \\ V_3 \end{pmatrix} = \begin{pmatrix} 0{,}6 & 0{,}1 & 0{,}01 \\ \vdots & \vdots & \vdots \\ -0{,}01 & -0{,}7 & 0{,}9 \end{pmatrix} \begin{pmatrix} F_1 \\ F_2 \\ F_3 \end{pmatrix}$$

la columna $\begin{pmatrix} 0{,}01 \\ \vdots \\ 0{,}9 \end{pmatrix}$ sería el vector de peso de cada variable observada en el factor 3.

Ejemplo 12.3 *En una plataforma de educación (learning management system) los estudiantes muy a menudo resuelven una gran cantidad de preguntas tipo test. Supongamos que un profesor pone 10 preguntas a la semana en su asignatura, y tiene 30 alumnos en una clase. Al final del año el número de preguntas que hay en la plataforma es:*

$$numero\ de\ preguntas = 10 \cdot 30 semanas$$
$$\cdot\ 30 alumnos = 9000 preguntas$$

	$Preg_1$	$Preg_2$	...	$Preg_{300}$
$Persona_1$	8	7		4
$Persona_2$	5	3		6
...				
$Persona_{30}$	7	2	...	1

Parece evidente que una maraña de 9000 preguntas es inmanejable para un profesor. En cambio, no lo es tanto para el análisis factorial.

Veamos si la intuición nos puede ayudar. Si un profesor propone 10 preguntas a la semana, al final del año ha asignado 300 preguntas a cada alumno. Parece difícil

pensar que el profesor está realmente evaluando 300
habilidades diferentes. Lo más plausible es que haya mucha
redundancia entre las preguntas, y que ciertos alumnos
hagan bien una serie de preguntas y mal otras. Es decir,
habrá algunas preguntas que se van a mover al unísono.

Si es así, el análisis factorial nos ayudará a deducir eso.

Veamos como son los factores que nos recoge. En
https://www.intechopen.com/books/e-learning-
experiences-and-future/data-mining-for-instructional-
design-learning-and-assessment Gumara y Vicent nos
exponen cuánto vale el factor dos: En la Figura 12.2.2 se

Question	Factor #2
6. Data communications model	0.5367
16. Analog modems	0.3858
18. Transmission impairments	0.2909
17. Analog modems	0.2267
12. Data communications concepts	0.211
11. Baseband data transmission	0.1034
5. A-Law and PCM (Pulse Code Modulation)	0.0767
10. Error detection and control	0.0586
7. Start bit	0.014
14. ADSL2+	-0.0761
1. ASK Modulation (Data Transmission)	-0.0826
8. Trellis graph	-0.1193
19. HDB (High Density Bipolar)	-0.1353
13. QAM Modulation	-0.1532
15. Modulations	-0.1564
4. Error-correcting codes	-0.2263
9. Data transmission system	-0.467
20. TDM (Time-Division Multiplexing)	-
3. Hamming code (error-correcting code)	-
2. A-Law and Uniform Quantification	-

Figura 12.1: Composición y pesos de las variables observadas en el Factor 2.

observa que el factor 2 pondera positivamente las
preguntas 6,16,18,17 y 12, y negativamente la 4 y la 9.
Aquí el analista, en este caso el profesor, debe pensar si
estas preguntas tienen algo en común, si hay algo
subyacente que haga que ciertos alumnos contesten bien el
grupo de preguntas 6,16,18,17 y 12 y mal la pregunta 4 y
la 9, y otros alumnos lo hagan al revés.

En este caso Gumara y Vicent determinaron que ese factor
se podía definir como "conocimiento general de la
materia". Es decir, son preguntas teóricas que los
estudiantes que han trabajado contestan bien y los que no
han estudiado contestan mal. En este estudio, otros
factores fueron "comprensión conceptual" o "capacidad de
cálculo". Si reflexionamos, podemos concluir que estos
factores subyacentes son competencias o habilidades de los
estudiantes. Por eso los alumnos con capacidad
matemática para el cálculo resuelven bien un grupo de
preguntas mientras que los que no han adquirido esa
capacidad las resuelven mal.

Una vez calculados los factores, el análisis factorial asigna
pesos a los individuos en cada factor:

	$Factor_1$	$Factor_2$	$Factor_3$
$Persona_1$	6.7	5.4	2.3
$Persona_2$	-3.2	1.7	7.4
...			
$Persona_{30}$	2.4	3.0	1.5

Así, de una manera sencilla, concluiríamos que la
$Persona_1$ tiene un conocimiento general de la materia muy
superior a la $Persona_2$

12.2.3. Interpretación de los factores

En general, algunas reglas para interpretar los factores
son estas:

- Ordenar las cargas factoriales para cada factor de
  mayor a menor.
- Eliminar las cargas factoriales bajas, aquellas
  alrededor de 0.
- El factor tiene una fuerte relación directa con las
  cargas factoriales cercanas a 1 y positivas
- El factor tiene una fuerte relación inversa con las
  cargas factoriales cercanas a -1.
- Intentar dar un nombre al factor, a partir de estos
  pasos

12.2.4. Decidir a cuántos factores se re-
ducen los datos

Una decisión capital es entender a cuántos factores debo
reducir la información. En el caso anterior había 300
variables, 300 preguntas sobre 30 individuos. El caso
trivial es reducir 300 variables a 300 factores. Eso
implicaría que tenemos tantos factores como variables y
que no se perdería ninguna información. Pero
asumiríamos que estamos evaluando 300 cosas diferentes.

En este caso, la ecuación matricial sería:

$$\begin{pmatrix} V_1 \\ \vdots \\ V_m \end{pmatrix} = \begin{pmatrix} 1 & 0 & 0 \\ \vdots & \vdots & \vdots \\ 0 & 0 & 1 \end{pmatrix} \begin{pmatrix} F_1 \\ \vdots \\ F_m \end{pmatrix}$$

ya que los factores coincidirían con las variables: $V_i = F_i$
En cambio, si reducimos estas 300 preguntas a unos cuantos factores, hay información que se pierde. Cuando se lanza un proceso de análisis factorial, se puede calcular el porcentaje de la información total que explica (contiene) cada factor. A esta información se le llama **varianza total explicada.** Veamos un ejemplo en la Tabla 12.2.4 Aquí se parte de 7 variables y se representa

Total Variance Explained

Component	Initial Eigenvalues			Extraction Sums of Squared Loadings		
	Total	% of Variance	Cumulative %	Total	% of Variance	Cumulative %
1	4,974	71,057	71,057	4,974	71,057	71,057
2	,811	11,592	82,648	,811	11,592	82,648
3	,529	7,564	90,213			
4	,352	5,028	95,240			
5	,148	2,108	97,349			
6	,105	1,496	98,845			
7	,081	1,155	100,000			

Extraction Method: Principal Component Analysis.

Figura 12.2: Factores y varianza explicada de cada factor.

una descomposición en 7 factores. En la columna *% of Variance* se expresa la varianza que explica cada factor. En esta tabla vemos que el primer factor explica el

71.057 % de toda la información. Es decir, sólo con un factor tenemos más de dos terceras partes de toda la información original. El segundo factor explica el 11.592 %, el tercero 7.564 % y así sucesivamente. Es decir, si nos quedáramos con el primer factor tendríamos el 71 % de la información, si nos quedáramos con dos con el 82 % (la suma de 71 % y 11.6 %), y si nos quedáramos con tres rebasaríamos el 90 % de la información. Si tomáramos 3 factores, pasaríamos de 7 variables a 3 factores manteniendo el 90 % de la información que estamos analizando. ¡destacado¿Es decir, una reducción del peso de los datos del $(7\text{-}3)/7=57$ %, implica una reducción de la información de sólo un 10 %.¡/destacado¿El caso trivial sería tomar tantos factores como variables, 7, y en este caso vemos que explicaríamos el 100 % de la información, como es lógico. La cantidad de información con la que se trabajará dependerá de la decisión de cada data manager.

12.2.5. Validación del análisis factorial

Como hemos visto en la matriz de covarianza, la reducción de factores tiene sentido sólo si existe correlación entre las diferentes variables. Si todas las variables son incorreladas difícilmente podremos obtener una reducción ostensible del peso de los datos. Para conocer si tiene sentido abordar un análisis factorial, existen métodos que nos ayudan a la decisión. Entre ellos: Test de esfericidad de Barlett Medidas de

adecuación de la muestra KMO Introduciremos aquí éste
último por su mayor simplicidad de cálculo. Consiste en
calcular un parámetro llamado KMO, que adoptará
valores entre 0 y 1, y en función de su valor podemos
valorar la bondad (o no) de llevar a cabo un análisis
factorial:

$$KMO \geq 0,75 \rightarrow Correcto$$
$$0,75 > KMO \geq 0,5 \rightarrow Aceptable$$
$$KMO < 0,5 \rightarrow Inaceptable$$

---12.3---
Análisis Clúster

Siguiendo con el ejemplo educativo, una vez realizado el
análisis factorial el profesor tiene las preguntas agrupadas
de acuerdo con las competencias educativas que han
desarrollado, y tiene información sobre qué competencias
se desempeña mejor un estudiante
El paso siguiente parece claro. ¿Por qué no aplicar un
algoritmo para agrupar automáticamente a los
estudiantes en función de qué competencias se
desempeñan mejor? Eso es el análisis de conglomerados,
bastante más conocido por su término inglés, cluster
analysis.
El análisis de conglomerados divide los individuos en
grupos (conglomerados) que son significativos. Los
clústeres deben capturar la estructura natural de los

datos. Los objetos de datos se agrupan basándose
únicamente en la información que se está analizando. El
objetivo es que los individuos dentro de un grupo sean
similares (o relacionados) entre sí y diferentes de (o no
relacionados con) los individuos de otros grupos. A
mayor similitud (u homogeneidad) dentro de un grupo y
mayor diferencia entre grupos, mejor será la agrupación.
El agrupamiento se puede considerar como una forma de
clasificación en el sentido de que crea un etiquetado de
objetos con etiquetas de clase (clúster). Sin embargo,
deriva estas etiquetas solo de los datos, sin interacción
con el investigador, por esta razón, el análisis de
conglomerados a veces se denomina no supervisado.

12.3.1.   Algoritmo K-means

K-means es una técnica de agrupamiento particional
basada en prototipos que intenta encontrar un número de
clústeres especificado por el usuario (K), representados
por sus centroides. K-means define un prototipo en
términos de un centroide, que suele ser la media de un
grupo de puntos, y normalmente se aplica a objetos en
un espacio continuo n-dimensional. Un centroide casi
nunca corresponde a un punto de datos real.
Primero hay que elegir K centroides iniciales, donde K es
un parámetro especificado por el usuario (el número de
grupos deseados).
Luego, cada punto se asigna al centroide más cercano, y
cada colección de puntos asignados a un centroide es un

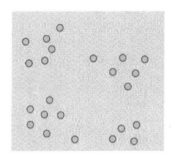

Figura 12.3: Nube de puntos originales. Fuente: https://commons.wikimedia.org/wiki/File:K-means.png (k-means 1)

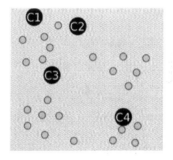

Figura 12.4: Asignación arbitraria de centroides. Fuente: https://commons.wikimedia.org/wiki/File:K-means.png

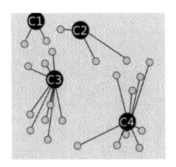

Figura 12.5: Asignación de datos a centroides. Fuente: https://commons.wikimedia.org/wiki/File:K-means.png

grupo.

El centroide de cada grupo es entonces actualizado en base a los puntos asignados al cluster.

Repetimos la asignación y actualizamos hasta que ningún punto cambie los grupos, o de manera equivalente, hasta que los centroides sigan siendo los mismos. En definitiva, hasta llegar a un estado de equilibrio.

Para asignar un punto al centroide más cercano, necesitamos una medida de proximidad que cuantifique la noción de "más cercano". La distancia euclidiana se usa a menudo para puntos de datos en el espacio euclidiano. La distancia entre un punto (x,y) y un

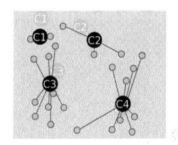

Figura 12.6: Recálculo de centroides. Fuente: https://commons.wikimedia.org/wiki/File:K-means.png

centroide (x_i, y_i) es

$$d = \sqrt{(y - y_i)^2 + (x - x_i)^2} \qquad (12.7)$$

Otras medidas son: similitud de coseno, distancia Manhattan, medida Jaccard ... Por lo general, las medidas de similitud utilizadas para K-medias son relativamente simples ya que el algoritmo calcula repetidamente la similitud de cada punto con cada centroide.

12.3.2. Clustering jerárquico

Otra manera de encontrar clústers es el jerárquico, que sigue dos estrategias diferenciadas:

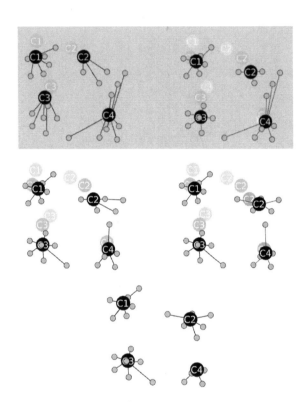

Figura 12.7: Asignación de puntos a centroides y recálculo de centroides hasta llegar al equilibrio. Fuente: https://commons.wikimedia.org/wiki/File:K-means.png

- Divisivo: se consideran a todos los individuos pertenecientes a un único clúster, y sucesivamente se van separando en clústers más pequeños.
- Aglomerativo: se consideran tantos clústers como individuos y sucesivamente se van agrupando los individuos en función de la distancia entre ellos.

En cada iteración se disminuye o aumenta (respectivamente) el umbral de distancia para considerar que dos individuos (o grupos de ellos) pertenecen al mismo cluster o a clústeres diferentes:

- Iteración 1. Si $d < 0,01$ agrupa
- Iteración 2. Si $d < 0,02$ agrupa
- Iteración 3. Si $d < 0,03$ agrupa
- . . .

- Iteración n. si $d < n * 001$ agrupa

Una representación muy gráfica de ello es el dendograma. En la Figura 12.3.2 vemos un clustering jerárquico acumulativo, que representa las uniones de individuos en clusters en sucesivas iteraciones. En la primera iteración ya se agrupan los individuos 2,14 y 12 por un lado, 9 y 11 por otro y 7 y 10 por otro. En la segunda iteración se agrupan los grupos (2,14,2) y (9,11) y el grupo (7,10) con los individuos 4 y 13. En el dendrograma se observa claramente que los individuos que se comportan de una manera más diferente al resto son el 1 y el 15, que requieren de muchas iteraciones (mucha distancia) para ser considerados del mismo clúster al resto.

Ejemplo 12.4 *Aplicando alguna técnica de clustering al*

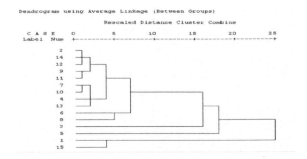

Figura 12.8: Dendrograma.

*final podemos agrupar los alumnos en grupos que se
comportan de manera homogénea, es decir, que
demuestran haber adquirido un grupo de competencias y
no otra.*

En el ejemplo que estamos abordando vamos a representar
a los estudiantes en función de su rendimiento en los
factores 1 y 2, ejes de abscisas y ordenadas
respectivamente (Figura 12.9)
En función de su rendimiento se pudieron catalogar los
grupos:

- Grupo 1. Estudiantes que trabajaban pero que se les
  daban mal las preguntas de cálculo.
- Grupo 2. Estudiantes que trabajaban y tenían éxito
  en las preguntas de cálculo.
- Grupo 3. Estudiantes que hacía bien las preguntas de
  cálculo, y en cambio fallaba las teóricas, con lo que se

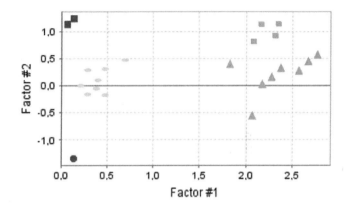

Figura 12.9: Clusters de estudiantes.

dedujo que no trabajaban.

- Grupo 4. Estudiantes que no hacía bien ningún tipo de preguntas.
- Grupo 5. Estudiantes inclasificables.

Capítulo 13

Representación gráfica de datos

Quizá te parezca que los gráficos han existido siempre. Si no... ¿Cómo se va a entender un incremento de ventas sin un gráfico? ¿O un aumento de precios?

Sin embargo, no es una disciplina tan antigua. René Descartes, que dio nombre a las coordenadas cartesianas (figura13.1), vivió en el S. XVII, y es uno de los gráficos que más se utilizan en la actualidad. El gráfico de tarta (figura 13.10)se utilizó por primera vez en el S. XIX.

Antes de tratar los diferentes tipos de gráficos que se utilizan en la actualidad, y estudiar sus funcionalidades vamos a detenernos en un gráfico que ha pasado a la

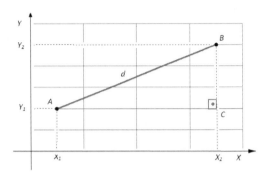

Figura 13.1: Gráfico cartesiano. Fuente: Flávia Halmeida, CC BY-SA 4.0 ¡https://creativecommons.org/licenses/by-sa/4.0¿, via Wikimedia Commons

historia de la visualización como el inicio de una nueva disciplina, el mapa de Napoleón en la campaña rusa, que diseñó el ingeniero francés Charles Joseph Minard.

Mapa de Napoléon de la campaña rusa
Minard representó en un único mapa (Figura 13.3) , por un lado el número de soldados que tenía el ejército francés durante el ataque a Rusia, y también el número de soldados que quedaban en la retirada. Pero no se conformó sólo con eso, representó la dirección de avance en cada lugar y la distancia recorrida. Y por último, la temperatura. Nunca antes se habían representado tantas variables en dos dimensiones.

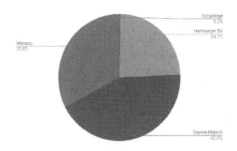

Figura 13.2: Gráfico de tarta.

Traduciendo el texto francés del gráfico podemos entender cómo están representadas todas las variables: .[El] *número de hombres está representado por la anchura de las áreas coloreadas a razón de 1mm por cada 6000 hombres. Además, el número de hombre está etiquetado en texto transversalmente a las áreas. En color rojo (literalmente, pero considérese beige) están representados los hombres que entran en Rusia y en negro los que salen.*"

Fijémonos en las virtudes que contiene esta representación. Por un lado, da mucha información de manera sintética, compacta y clara. Y es especialmente difícil, y se verá más adelante, dar mucha información y mantener la claridad. Y esa claridad la consigue gracias a dos recursos: está muy bien etiquetado y es lineal (tiene un principio y un fin).

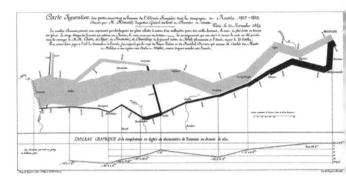

Figura 13.3: By Charles Minard (1781-1870) - Fuente: wikipedia

Fue siglos más tarde que los ordenadores dieron la posibilidad de crear nuevos tipos de representación. Pasarán muchos años, hasta que los ordenadores posibiliten crear nuevos tipos de representación que Charles Minard sólo pudo imaginar (aunque no sabemos si lo hizo) en su época.

De estos gráficos más estándares, y que han perdurado durante siglos, se ha pasado en las últimas décadas a los gráficos animados que han sido posibles gracias al uso de la computación. El vídeo es, intrínsecamente, un conjunto de imágenes que se suceden en el tiempo, y permite la visualización a tiempo real, es más natural para el cerebro humano del tiempo. .

El científico sueco Hans Rosling revolucionó en su charla

TED "The best stats you've ever seen"
`https://www.ted.com/talks/hans_rosling_the_`
`best_stats_you_ve_ever_seen` la manera de hacer
presentaciones con datos. Mostró las tendencias de
desarrollo económico en todo el planeta desde 1961 de
forma gráfica y dinámica, y marcó una manera de
presentar la información que cuenta cada vez con más y
más seguidores.

Uno de los ejemplos recientes en que se ha necesitado la
presentación y visualización de datos ha venido con la
pandemia de 2020 de la COVID. Ha sido necesario
elaborar este tipo de representaciones que nos permiten
conocer cómo se propaga la pandemia en los diferentes
países del mundo.

Dos ejemplos dinámicos lo podemos ver en el vídeo
Evolución de la pandemia del covid. Burbujas.
`https://youtu.be/93MyQOXVYeo` donde se ve una
dinámica sobre gráficos cartesianos o esta otra dinámica
en el vídeo: *Evolución de la pandemia del COVID en
mapamundi* `https://youtu.be/DiMIOPDOHec` que se
ve sobre un mapa.

Hacia el final veremos más nuevas maneras de
representar datos que solución muchas limitaciones de la
visualización gráfica tradicional.

------13.1------
Cuándo utilizar un gráfico

Hay una regla básica para saber cuando vale la pena representar los datos de manera gráfica. ¿Es difícil expresar simplemente con palabras lo que queremos comunicar?

Comunicar que el precio de un taxi depende del tiempo y la distancia es muy fácil de expresar con palabras. Por supuesto podríamos utilizar la matemática y decir que precio=f(distancia, tiempo), y estará perfectamente expresado. O dibujar un gráfico cartesiano con dos ejes (distancia y tiempo) y situar el precio en una tercera dimensión. Pero, seguramente estaremos de acuerdo que esto es matar moscas a cañonazos.

En cambio, expresar con palabras la expansión mundial del COVID en todos los países del mundo va a ocupar páginas y páginas y difícilmente se podrá conseguir la efectividad que merece la información. En cambio si se hace mediante un gráfico enseguida alguien puede hacerse a la idea de cómo se ha propagado el virus y el alcance que ha tenido. a ser lo efectivos que podemos ver con el gráfico que hemos visto anteriormente.

Veamos qué conceptos son interesantes de visualizar gráficamente.

13.1.1. Comparaciones

Comparar sea quizá la función principal de la representación gráfica. A parte de los gráficos de barras en los que se puede representar, por ejemplo, que país tiene una incidencia de covid más fuerte, existen gráficos que también son comparaciones aunque no lo parezcan. Por ejemplo, el gráfico de la cotización de un valor en bolsa. En este caso, estamos comparando cuánto vale un determinado valor, en fechas diferentes. Hay muchas maneras de representar comparaciones. Y a veces, se necesita probar varios tipos para ver cuál es el que se acerca más a lo que queremos expresar mediante datos. Veamos varios tipos:

Los **gráficos de barras** son útiles para mostrar datos clasificados en categorías nominales (países, empresas, equipos ...).

- Un gráfico de barras siempre tendrá dos ejes.
- Un eje generalmente tendrá valores numéricos y el otro describirá los tipos de categorías que se comparan.
- Hay gráficos de barras horizontales y verticales.

En la figura 13.4 obtenemos una comparativa entre los indicadores de transparencia en diferentes de países. La transparencia se refiera a la disponibilidad de datos económicos creíbles en diferentes países. Aquí vemos como algunos países tienen un índice incluso negativo en cuanto a la transparencia.

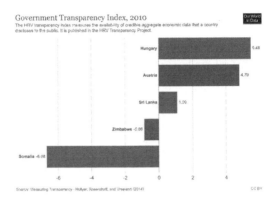

Figura 13.4: Gráfico de barras horizontal de comparación de países. Fuente: ourworldindata

Un **gráfico cartesiano**, significa para relacionar dos variables numéricas, por ejemplo, fechas y valores. Como hemos apuntado es una comparación entre diversas fechas. En la 13.5 vemos una evolución de la renta per cápita en Alemania desde el año 1950, o dicho de otra manera, una comparativa entre la renta per cápita de Alemania en función del año.

Un **diagrama de caja** es la representación de muchas variables en un sólo gráfico:
1. Mínimo
2. Primer cuartil
3. Mediana (segundo cuartil)

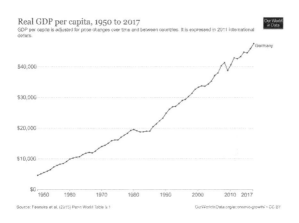

Figura 13.5: Gráfico cartesiano. Fuente: ourworldindata

4. Tercer cuartil
5. Máximo

En la figura 13.6 vemos el ratio de unos (gana el equipo local) en la liga danesa antes y después del COVID. Antes, (en verde), vemos que el mínimo que se ha producido en una jornada es aproximadamente 0.325 de unos, y el máximo 0.6. El 50 % de las jornadas hay entre 0.46 y 0.57 de unos (primer y tercer cuartil), y la mediana es 0.49.

Estos gráficos se utilizan mucho en bolsa y suelen llamarse también gráficos de cajas japonesas.

Un **gráfico de dispersión** muestra dos dimensiones para

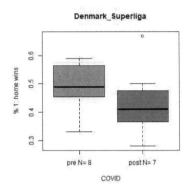

Figura 13.6: Gráfico de cajas japonesas

cada categoría. Los gráficos de barras representan una
dimensión (altura si es vertical) para cada categoría. En
la figura 13.7 cada punto representa una persona
diferente, y para cada persona vemos representada su
estatura y su número de zapato. El gráfico nos da una
idea que la estatura y el número de zapato están
relacionados.

Un **gráfico de burbujas** muestra círculos (burbujas) de
diferente posición, diámetro y color en un gráfico
bidimensional. Es una generalización del diagrama de
dispersión, reemplazando los puntos con burbujas. Más
comúnmente, un gráfico de burbujas muestra los valores
de hasta cinco variables numéricas, donde los datos de

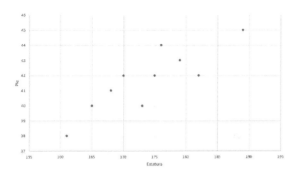

Figura 13.7: Gráfico de dispersión. Relación entre estaturas y número de zapatos en un grupo de personas.

cada observación se muestran mediante un círculo ("burbuja"), mientras que las posiciones horizontal y vertical de la burbuja muestran los valores de otras dos variables, el diámetro representa otra dimensión y el color otra.

En la figura 13.8 cada punto representa un país, y el color el continente. El eje x de cada punto corresponde a la renta per cápita de cada país, y el eje y el porcentaje de la población activa que se dedica a la agricultura. Por último, el diámetro de cada punto representa el número de habitantes de cada país.

Los **gráficos radiales** se suelen utilizar para expresar orientación, o una comparación de cada variable por ángulo . Se utilizan más en ciencia e ingeniería que en las

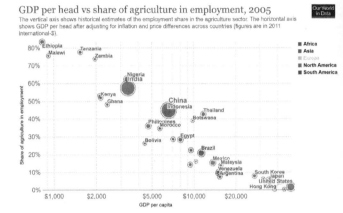

Figura 13.8: Gráfico de burbujas.

ciencias sociales. Representando, por ejemplo, hacia
donde irradia una antena o un altavoz, como en la figura
13.9.

13.1.2. Proporciones, composición o re-
partos

Los datos pueden mostrar la proporción de una población
que tiene una determinada característica o la
composición de una mezcla, así como la forma en que se

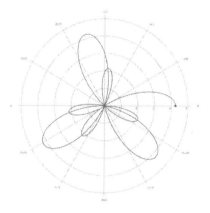

Figura 13.9: Gráfico radial

distribuyen estos datos.

Un gráfico de tarta (Fig.13.10) es un gráfico circular dividido en rebanadas para mostrar la proporción de un conjunto. Se suele utilizar para representar todo tipo de información, como la diversidad de tipos de establecimientos por sectores, la distribución de acciones de una empresa, la composición

El gráfico **sunburst** se usa para visualizar estructuras de datos jerárquicas.
Un gráfico Sunburst consiste en un círculo interno rodeado por anillos de niveles jerárquicos más profundos.
El ángulo del segmento del gráfico sunburst es el mismo

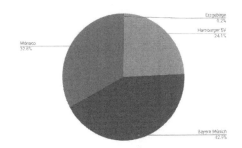

Figura 13.10: Gráfico de tarta.

que el de su nodo padre, o se divide por igual entre
todos los nodos bajo su nodo padre.
El gráfico Sunburst se ha desarrollado para representar
subunidades de los segmentos primarios del gráfico
circular.
Los ordenadores utilizan el sunburst para representar la
utilización de sus discos duros, donde los círculos
internos son directorios padre que contienen directorios
hijos más externos. (Fig 13.11)

Históricamente, asociamos el **histograma** con la
fotografía digital. Los histogramas son una forma popular
de presentar la información estadística de una imagen,
mostrando cómo se distribuyen los diferentes niveles de
gris: en la izquierda se representan los valores oscuros y
en la derecha los claros.
En fotografía, el eje X de un histograma representa los

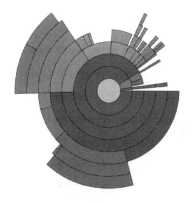

Figura 13.11: Gráfico sunburst. Fuente: w:Baobab (software), CC0, via Wikimedia Commons

niveles de gris (desde 0 negro hasta 255 blanco), y el eje Y representa el número de píxeles que tiene un nivel de gris concreto o frecuencia de un nivel de gris concreto. Así, en la fotografía oscura, los niveles de gris bajos tienen más píxeles que los altos (figura 13.12) y en la clara pasa lo contrario (figura 13.13). En estas figuras, la frecuencia (eje Y) nos indica cuántas veces aparece un determinado nivel de gris. Por ejemplo, si el nivel X 230 (gris claro) tiene valor Y de de 100, significa que hay 100 píxeles con ese valor gris claro.

En general, un histograma es un gráfico que representa

Figura 13.12: Histograma de foto oscura

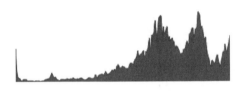

Figura 13.13: Histograma de foto clara

la distribución de los valores de una variable numérica en
forma de una serie de barras. Cada barra suele abarcar
un valor o rango de valores; la altura de una barra indica
la frecuencia de puntos de datos con ese valor o rango de
valores.

13.1.3.   Multivariables

En ingeniería o ciencias, se pueden utilizar otros tipos de
gráficos para representar multivariables que no se podrían
visualizar con otros tipos de gráficos. El **3D cartesiano**
se utiliza en ciencia e ingeniería para representar variables
que dependen de dos variables. La ecuación Z=f(X,Y)

puede representarse gráficamente mediante un gráfico 3D cartesiano. 13.14 Para cada punto del plano XY, la altura Z es diferente. Las diferentes alturas forman una capa tridimensional que representa la función Z en función de X e Y. El sistema de coordenadas cartesianas

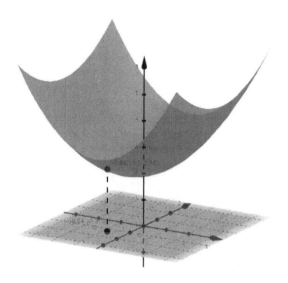

Figura 13.14: Gráfico 3D: z=f(x,y). Fuente: Elaboración propia con Geogebra

X, Y, Z es limitante cuando se trata de visualizar más de tres dimensiones. No podemos representar visualmente las dimensiones cuarta y quinta. ¿Cómo podemos

hacerlo? Los matemáticos han trabajado de manera
abstracta, con fórmulas, para trabajar con más de tres
dimensiones sin poder representarlas gráficamente.

Como la visualización mediante ejes cartesianos no
resultaba satisfactoria para visualizar formas geométricas
que se extienden más allá del espacio tridimensional, se
idearon nuevas formas estáticas para representar más de
tres dimensiones, como las gráficas de radar o las
coordenadas paralelas. Un **gráfico de radar** es un
gráfico bidimensional que muestra una estructura de
datos multidimensional. Podría representar un número
infinito de variables, pero más de seis hace que su
interpretación sea muy complicada. En un gráfico de
radar, cada vértice representa una variable, y cada color
representa un individuo diferente.
En la figura 13.15 vemos la distribución de gastos
mensuales entre Manuel y Ariadna. En el gráfico vemos a
Manuel representado en azul, y rápidamente vemos que
la mayoría de sus gastos están en el alquiler y destina
poco al ahorro. En cambio Ariadna, representada en
naranja, puede ahorrar mucho más al destinar menos,
entre otras cosas, al alquiler.

Aunque el gráfico de radar es útil para muchas
aplicaciones, no representa adecuadamente muchas
variables. Las **coordenadas paralelas** ofrecen las mismas
prestaciones que el gráfico de radar pero permite
respresentar tantas variables como se quiere alargando el
gráfico lo necesario, como puede comprobarse en la

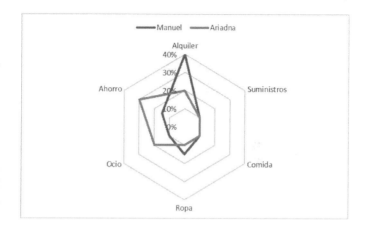

Figura 13.15: Gráfico radar

figura 13.16.

13.1.4.   Conexiones y jerarquías

Cuando se trata de representar conexiones, o jerarquías, ninguno de los gráficos anteriores nos es especialmente útil. Aparecerán nuevos tipos de gráficos como los diagramas de red o los diagramas de árbol. El **diagrama de red** es una representación de entidades (representadas por nodos o puntos), por ejemplo ordenadores, personas o ciudades y conexiones entre ellas, representadas mediante aristas (Fig:13.17).

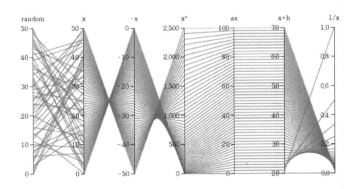

Figura 13.16: Coordenadas paralelas. Fuente: Yug, CC
BY-SA 4.0 ¡https://creativecommons.org/licenses/by-
sa/4.0¿, via Wikimedia Commons

Una de las aplicaciones más populares de los diagramas
de red don los sistemas de navegación por GPS.

El **diagrama de árbol** se utiliza para representar
jerarquías: árboles genealógicos, organigramas dentro de
una organización, etc.

En la figura 13.18 vemos una representación jerárquica
de algunas lenguas provenientes del indoeuropeo.

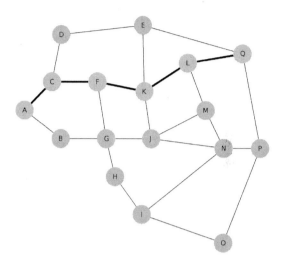

Figura 13.17: Diagrama de red. Fuente: Kjerish, CC BY-SA 4.0 ¡https://creativecommons.org/licenses/by-sa/4.0¿, via Wikimedia Commons

---13.2---
Crear buenos gráficos

Puede parecer trivial crear un gráfico. Casi todo el mundo sabe crear gráficos con Excel, por ejemplo. Sin embargo, y como ya hemos visto en el presente capítulo, hemos visto visualizaciones gráficas de excelencia como las propuestas por Hans Rosling.

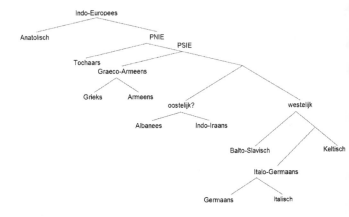

Figura 13.18: Diagrama de árbol. Fuente: Kiro Vermaas, CC BY-SA 4.0 ¡https://creativecommons.org/licenses/by-sa/4.0¿, via Wikimedia Commons

Hacer gráficos correctamente es una disciplina, y en esta sección vamos a ver algunas nociones importantes para la creación de gráficos óptimos.

Printed in Great Britain
by Amazon

30705672R00137